SCHOKOLADENDEKORE /

2. Auflage 2008

Titel der Originalausgabe
Chocolade Decoraties

Text: Jean-Pierre Wybauw
Fotografie: Frank Croes
Layout: Whitespray bvba
Übersetzung: Lyrco
Druck und Bindung: Drukkerij Die Keure
Printed in Belgium

ISBN: 978-3-87515-106-0

Inhalt

Ein Wort des Danks

Ein ganz besonderes Wort des Dankes möchte ich meiner Frau für ihre großartige Unterstützung und Mitarbeit beim Verfassen dieses Buchs über Techniken der Gestaltung von Schokolade aussprechen.

Ebenfalls bedanken möchte ich mich bei:

DEM CEO VON BARRY-CALLEBAUT, Patrick De Maeseneire, der mir erlaubte, während der Wochenenden seinen Arbeitsplatz in der »Chocolate Academy« zu nutzen.
(Siehe www.ecallebaut.be)

DER FIRMA MOL D'ART für die finanzielle Unterstützung und die zur Verfügung gestellten Hilfsmittel und Schüsseln zum Schmelzen von Schokolade. (Siehe www.moldart.be)

DER FIRMA PCB CREATION für die finanzielle Unterstützung und die Bereitstellung von verschiedensten Dekorationsmaterialien. (Siehe www.pcb-creation.fr)

Bei dem Fotografen Frank Croes möchte ich mich besonders für die großartigen Fotografien und die hervorragende Zusammenarbeit bedanken. (Siehe www.frankcroes.be)

Danke Euch allen!

Vorbemerkung

Schokolade ist ein anspruchsvoller Rohstoff. Um gute Ergebnisse zu erzielen, empfehle ich Ihnen, einige Grundregeln zu beherzigen:

- Arbeiten Sie stets mit einer Schokoladensorte, die die geeignete Anzahl von Kristallen enthält.
- Kühlen Sie die Schokolade auf die richtige Art und Weise.
- Bewahren Sie die fertigen Produkte fachgerecht auf; sie sollten vor Gerüchen, Feuchtigkeit und Licht geschützt sein.
- Das gilt auch für Verkaufsprodukte wie beispielsweise Ostereier und Figuren mit einer großen Oberfläche, die den Geruch und Geschmack von frischer Schokolade rasch verlieren.
- Ausstellungsstücke, die nicht für den Verzehr bestimmt sind, lagern Sie am besten bei einer Umgebungstemperatur von etwa 20 °C.
- Um Fettreife oder einen beschleunigten Alterungsprozess der Schokolade zu vermeiden, sollten Sie Ihre Schokoladenprodukte dem Licht nicht länger als unbedingt notwendig aussetzen.

Und nun wünsche ich Ihnen viel Erfolg!

JEAN-PIERRE WYBAUW

CALLEBAUT

Vorkristallisieren - die Voraussetzung für gute Produkte

Das Vorkristallisieren von Schokolade gelingt nur bei der richtigen Temperatur. Doch Zeit und Bewegung sind bei diesem Prozess mindestens ebenso entscheidend. Der Begriff »Temperieren« beschreibt daher nur einen Teil des Vorgangs. Das gibt immer wieder Anlass zu Missverständnissen und führt letztlich zu unbefriedigenden Ergebnissen Also streichen wir diesen Begriff aus unserem Wortschatz und verwenden stattdessen den eindeutigeren Ausdruck »Vorkristallisieren«.

GUTE UND SCHLECHTE ERGEBNISSE / **Glanz, Härte, Schrumpfkraft und gute Bruchfähigkeit sind Voraussetzungen für ein gutes Schokoladenprodukt.**

Ein weniger gelungenes Schokoladenprodukt weist eine körnige Struktur sowie eine grauweiße Verfärbung auf und schmilzt bei der Berührung mit Fingern und Lippen — das Ausgangsprodukt, die Schokolade, wurde in diesem Fall nicht sachgemäß behandelt. Worin besteht der Fehler?

Die Schokolade wurde nicht »vorkristallisiert«. Die Erfahrung zeigt immer wieder: Das sachgemäße Vorkristallisieren ist die Voraussetzung für ein gutes Schokoladenprodukt.

WAS HEIßT »VORKRISTALLISIEREN«? / **Vorkristallisieren bedeutet, dass in der Schokolade eine bestimmte Anzahl Impfkristalle produziert wird.**

Das ist notwendig, da Schokolade Kakaobutter enthält, und Kakaobutter ein polymorphes Fett ist, das in sechs unterschiedlichen Kristallformen auskristallisieren kann. Jede dieser Kristallformen hat ihren eigenen Schmelzpunkt! Aber nur eine dieser Kristallformen, die Beta-Form, ist stabil. Wenn sich in der abkühlenden Schokolade nur diese stabilen Kristalle bilden, dann härtet sie schnell aus und ergibt ein glänzendes Produkt mit einem hartem Bruch und starker Schrumpffähigkeit. Beim Vorkristallisieren werden also stabile Kristalle erzeugt, die sich dann selbst vervielfältigen.

In keiner Schokolade sind mehr stabile Kristalle enthalten als in Kuvertüre. Leider kann man als Chocolatier mit einer harten Kuvertüre nicht viel anfangen. Um damit arbeiten zu können, muss man die Kuvertüre schmelzen, ein Prozess, bei dem die Kristalle der Kakaobutter zerfallen. Sie müssen nun nach dem Schmelzen erneut gebildet werden, um ein gutes Endprodukt zu erhalten. Die empfohlene Temperatur zum Schmelzen von Schokolade liegt bei ungefähr 45 °C . Bei dieser Temperatur werden alle Bereiche sicher geschmolzen, und es besteht keine Gefahr eines Verbrennens.

FÜNF METHODEN / **Zeit, Temperatur und Bewegung bestimmen das Ergebnis**

Sie können Schokolade auf unterschiedliche Arten vorkristallisieren. Im Folgenden werden fünf Methoden beschrieben. Welche davon angewendet wird, hängt unter anderem davon ab, wie groß der verarbeitende Betrieb ist, wie viel produziert wird und in welchem Maße die Produktion automatisiert ist. Welche dieser Methode Sie auch immer wählen, es müssen stets drei Bedingungen erfüllt sein, damit Sie stabile Kristalle erzeugen können:

- *Die Temperatur sollte bei 45 °C liegen.*
- *Die Schokolade braucht ausreichend Bewegung, um die Kristallbildung anzuregen.*
- *Und die Schokolade braucht ausreichend Zeit, um die stabilen Kristalle vervielfältigen zu können.*

METHODE 1: DIE TABLIERMETHODE

Die Tabliermethode ist die älteste Methode zum Vorkristallisieren von Schokolade. Bei dieser Methode werden zwei Drittel der warmen Schokolade auf eine Marmor- oder Granit-Oberfläche gegossen. Marmor und Granit können in kurzer Zeit viel Energie, zum Beispiel Wärme, aus ihrer Umgebung aufnehmen.

Die geschmolzene Schokolade wird ohne Unterbrechung mit einem Spachtel und einem Spatel bearbeitet (Bewegung). Nach einiger Zeit erreicht sie eine Temperatur von ungefähr 27 °C . Nun beginnt sie langsam einzudicken. Das ist der Moment der so genannten »wilden Kristallisation«: Stabile Kristalle haben sich zu einer Masse formiert, allerdings mit einem unbestimmten Anteil instabiler Kristalle. Wird in diesem Moment der Rest (ein Drittel) der geschmolzenen Schokolade hinzugegeben, steigt die Temperatur wieder auf 31 bis 32 °C, und die instabilen Kristalle werden weggeschmolzen und verwandeln sich beim Abkühlen in stabile Kristalle, die sich dann vervielfachen.

Der Temperaturbereich von 31 bis 32 °C gilt nur für dunkle Schokolade. Milchschokolade enthält zwei Fette: Kakaobutter und Milchfett. Bei ihr liegt der entsprechende Temperaturbereich um zwei Grad niedriger, bei 29 bis 30 °C . Bei weißer Schokolade sind es noch zwei Grad weniger, also 27 bis 28 °C .
Die Tabliermethode wird heute aus drei Gründen nur noch selten angewendet: Sie ist zeitaufwändig und unhygienisch, zudem kann das Ergebnis durch Gerüche und Licht beeinträchtigt werden.

METHODE 2: DIE PASSIVE METHODE

Die zweite Methode könnte man die passive Methode nennen: Lassen Sie die geschmolzene Schokolade abkühlen, bis sie an der Oberfläche aushärtet. Dies dauert einige Zeit, da Schokolade , wenn sie erst aufgewärmt ist, nur sehr langsam wieder abkühlt.
In der härter werdenden Schicht hat sich eine große Anzahl stabiler, aber auch instabiler Kristalle gebildet (»wilde Kristallisation«). Durch anhaltendes Rühren wird die Schokolade nun wieder leicht erwärmt, so dass die instabilen Kristalle schmelzen und sich in stabile Kristalle verwandeln.
Diese Methode ist besonders für kleinere Betriebe attraktiv. Sie nimmt zwar viel Zeit in Anspruch, aber sie erfordert keine ständige Kontrolle, und in der Zwischenzeit können andere Arbeiten verrichtet werden.

METHODE 3: BLOCKSCHOKOLADE IN DER SCHMELZSCHÜSSEL

Im Gegensatz zu den bislang vorgestellten Methoden, bei denen abgekühlt und wieder erwärmt wird, beginnen Sie hier mit einem Schokoladenblock, der Zimmertemperatur hat. Die Schokolade wird in einer Schüssel auf 31 bis 32 °C erwärmt. Kuvertüre ist perfekt stabil auskristallisiert und schmilzt bei einer Erwärmung auf 32 °C langsam, wobei die stabilen Kristalle erhalten bleiben. Das einzige Problem ist hierbei, dass bei 32 °C noch zu viele stabile Kristalle vorhanden sind. Dadurch ist die Schokolade noch zu dick und kann nicht verarbeitet werden: Es liegt eine Überkristallisation vor, die noch zu viele Impfkristalle enthält. Deshalb muss die Temperatur schrittweise um jeweils 0,5 °C angehoben werden, um zu vermeiden, dass plötzlich alle Kristalle wegschmelzen. Falls notwendig, muss dieser Vorgang einige Male wiederholt werden, Dabei soll nur der Überschuss an Kristallen weggeschmolzen werden, so dass noch eine ausreichende Anzahl übrig bleibt, um eine perfekte Kristallisation anzuregen.
Bei dunkler Schokolade können Sie die Temperatur allmählich bis auf 34,5 °C erhöhen, bei Milchschokolade auf 32,5 °C und bei weißer Schokolade auf 30,5 °C .

METHODE 4: UNTER BEWEGUNG ABKÜHLEN

Diese Methode wird auch die industrielle Methode genannt. Hierbei wird die geschmolzene Schokolade durch Rühren abgekühlt, bis sie die Idealtemperatur erreicht hat. Kennzeichnend für dieses Verfahren ist, dass keine Unterkühlung stattfindet, wodurch keine instabilen Kristalle erzeugt werden.

METHODE 5: DIE IMPFMETHODE

Dieses Verfahren ist schnell und einfach: Der geschmolzenen Schokolade werden kleine Schokoladenstückchen (Callets-Pastilles) hinzugefügt. In diesen Kuvertürestückchen sind sehr viel stabile Kristalle enthalten, weshalb sie sich hervorragend als Impfstoff eignen. Während die Temperatur fällt, schmelzen die Kuvertürestückchen. Solange dies schnell und leicht geschieht, können Sie davon ausgehen, dass die stabilen Kristalle in den Stückchen schmelzen. Geben Sie darum ausreichend viele Callets-Pastilles hinzu, bis sie weniger gut schmelzen und die Schokolade ihre normale Verarbeitungskonsistenz hat. Ab diesem Moment ist es wichtig, regelmäßig gut umzurühren, um die Schokolade auf diesem Punkt zu halten.

Schokolade sachgemäß kühlen

Schokolade, die zwar perfekt vorkristallisiert, aber auf eine falsche Art gekühlt wurde, kann matte oder graue Stellen bekommen.
Führen Sie die Wärme nicht rechtzeitig ab, verläuft der Kristallisationsprozess zu langsam, wodurch die Schokolade (von innen nach außen) grauweiß und in der Folge weniger hart wird.
Achten Sie also auf die richtigen Abkühlzeiten: Gießen Sie beispielsweise bei einem Ausstellungsstück eine dicke Schicht Schokolade, dann müssen Sie die Schokolade schnell abkühlen, um eine Grauschleierbildung zu verhindern.
Die Regel heißt: Je dicker die Schokoladenschicht ist, um so schneller muss sie abgekühlt werden.
Ein zu starkes Abkühlen kann allerdings ein Aufplatzen und Brechen zur Folge haben, besonders bei dünnen Schokoladenschichten.
Weil dunkle Schokolade nur Kakaobutter als Fettanteil enthält, hat sie eine starke Schrumpfkraft, Milchschokolade hingegen schrumpft geringer, da sie außer Kakaobutter auch Milchfett enthält. Weiße Schokolade enthält in der Regel noch mehr Milchfett und besitzt dadurch eine noch geringere Schrumpfkraft. Der Gehalt an Milchfett bestimmt auch, wie lange es dauert, bis die Schokolade auskristallisiert ist. Darum wird bei Dekorarbeiten, bei denen zwei Sorten Schokolade verwendet werden, erst die Schokolade mit der helleren Farbe verarbeitet (siehe die zweifarbigen Zigaretten auf Seite 164).
Wenn bei Formarbeiten erst weiße Schokolade verwendet wird, auf die dunkle Schokolade kommt, muss dafür gesorgt werden, dass entweder die weiße Schicht ausreichend fest geworden ist, bevor die zweite Schicht aufgebracht wird, oder das Ganze muss so schnell wie möglich abgekühlt werden. Anderenfalls kann es passieren, dass ein Teil der ersten Schicht in den Formen grau wird oder anklebt.

01

Mit eisgekühlten Materialien arbeiten

Mit eisgekühlten Materialien arbeiten

Mit Hilfe dieser Technik können in kurzer Zeit verschiedene Dekore hergestellt werden. Die eisgekühlten Materialien, die als Hilfsmittel verwendet werden, haben idealerweise eine Temperatur zwischen -20 °C und -25 °C. Temperierte Schokolade erhält durch die Verarbeitung einen thermischen Schock. Sobald die Schokolade anzieht, ist sie verformbar. Ein fertiges Dekor muss für mindestens fünf Minuten in einer kalten Umgebung oder auf einer kalten Oberfläche ruhen. So hat die Kristallstruktur der Kakaobutter Gelegenheit, sich wieder herauszubilden.

Verzierungen auf eisgekühltem Marmor herstellen

HAARE, SCHNURRBART, BART /

Spritzen Sie mit einer Garniertüte Spaghetti aus Schokolade. Die zwischenzeitlich fester gewordene Schokolade können Sie nun in die gewünschte Form biegen. Arbeiten Sie dabei schnell. Schneiden Sie die Spaghetti auf die gewünschte Länge, sobald die Schokolade fest ist. Befestigen Sie das Haar an der Figur, und kürzen Sie es gegebenenfalls mit einer Schere.

KNOTEN /

Spritzen Sie mit einer Garniertüte Spaghetti aus Schokolade. Arbeiten Sie dabei schnell. Schneiden Sie die Spaghetti mit einem Messer in gleich lange Stücke, und legen Sie die Schokoladenspaghetti zu einem Knoten.

STROH /

Spritzen Sie mit einer Garniertüte Spaghetti aus Schokolade. Schneiden Sie die Spaghetti mit einem Messer in gleich lange Stücke.

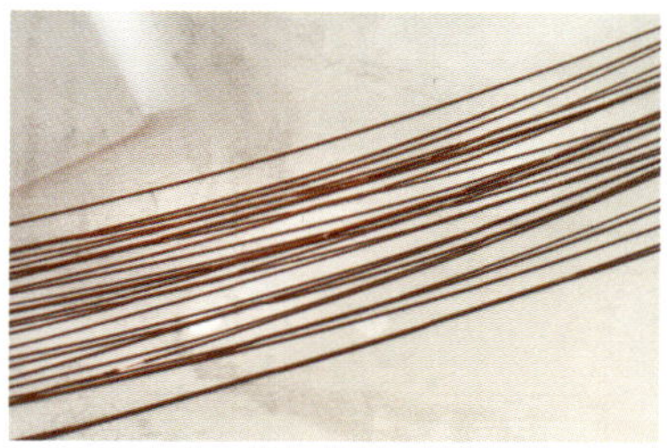

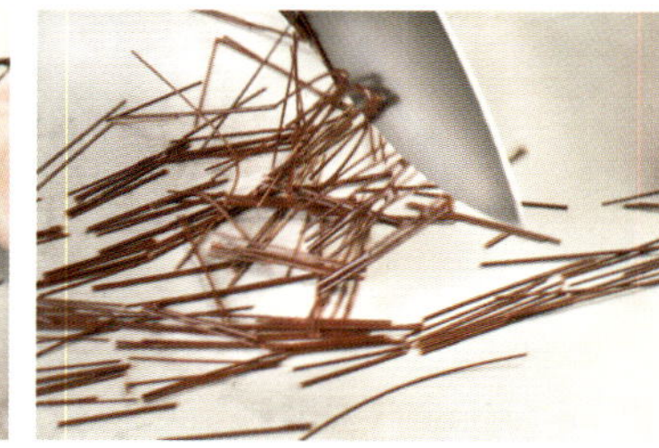

GITTER /

Spritzen Sie mit einer Garniertüte sich überkreuzende Spaghetti aus Schokolade. Nehmen Sie das Gitter sofort von der Marmorfläche, und biegen Sie es in die gewünschte Form.

HÖRNCHEN ZUM FÜLLEN /

Spritzen Sie mit einer Garniertüte kreisrund und zusammenhängend Schokoladenfäden in Form eines Dreiecks auf eine Marmorplatte. Nehmen Sie die Schokolade so schnell wie möglich mit einem Spatel ab, und rollen Sie sie mit den Händen zu einem Hörnchen.

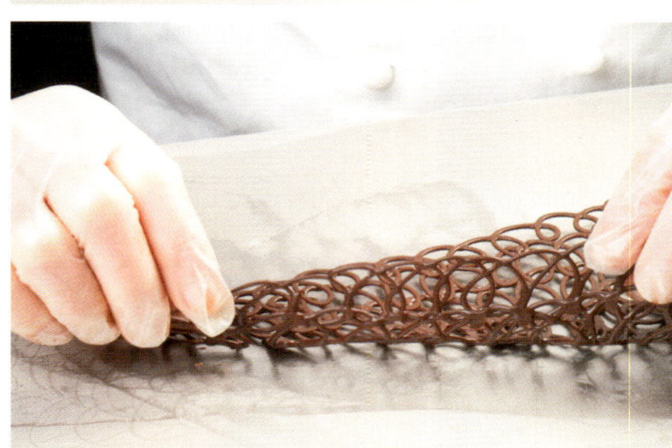

VOGELNEST /

Spritzen Sie mit einer Garniertüte Spaghetti aus Schokolade. Arbeiten Sie dabei schnell. Bündeln Sie die Schokoladenspaghetti, sobald sie fest sind, und formen Sie daraus ein Nest.

EIN KÖRBCHEN ALS DESSERTCUP /

Spritzen Sie mit einer Garniertüte rund und zusammenhängend Schokoladenfäden in Form eines Kreises auf eine Marmorplatte. Nehmen Sie die Schokolade so schnell wie möglich mit einem Spatel ab, und formen Sie sie zu einem Becher.

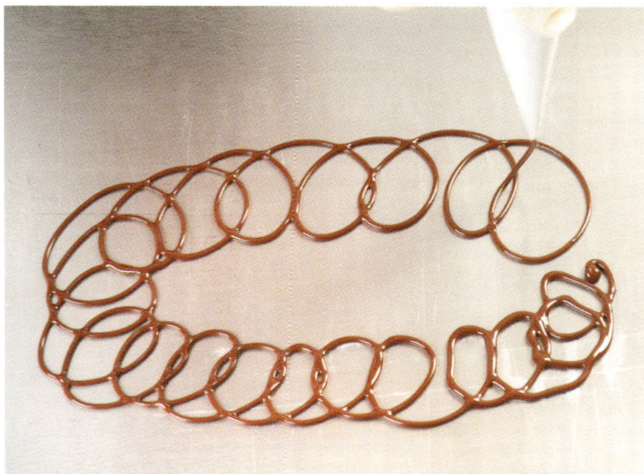

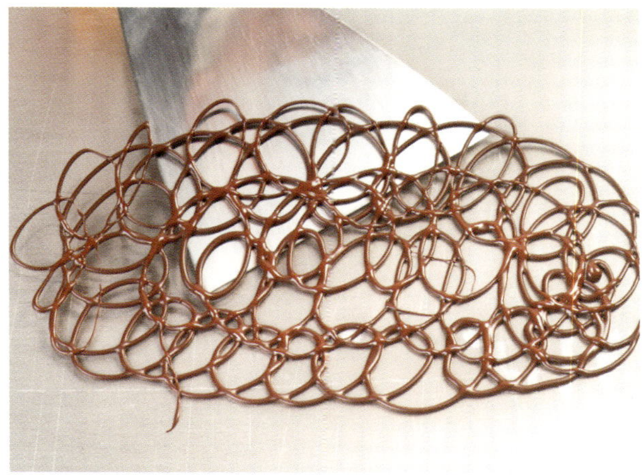

DESSERTCUP ODER ELEGANTE LOCKE /

Materialien: ein Dekorkamm, bei dem die scharfen Spitzen mit einem Messer abgeschnitten wurden. Gießen Sie ein wenig Schokolade auf den gekühlten Marmor. Ziehen Sie mit einem Dekorkamm Linien über die ganze Länge der noch flüssigen Schokolade. Schneiden Sie mit einem Messer ein Band in der gewünschten Breite. Formen Sie das Band sofort zu einer Locke. Diese Schokoladenverzierung können Sie als Tortendekoration und auch als Dessertcup verwenden. Sie kann zum Beispiel mit einer Mousse oder einer Bayerischen Creme gefüllt werden.

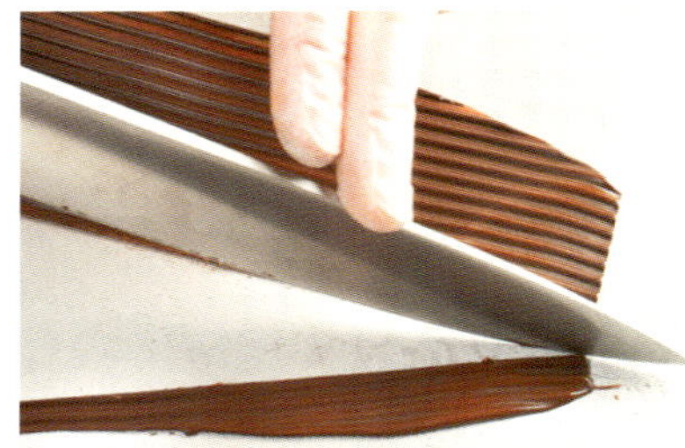

SEHR GROSSE FÄCHER /

Diese Technik erfordert ein zügiges Arbeiten. Nehmen Sie deshalb in beide Hände je einen Spatel. Streichen Sie mit dem Spatel zügig temperierte Schokolade halbmondförmig auf dem Marmor aus. Nehmen Sie abwechselnd mit beiden Spateln die fest gewordene Schokolade ab, und bringen Sie sie mit den Händen schnell in die Form eines Fächers. Sie können die Verzierung entweder direkt auf eine kalte Torte legen, oder Sie lassen sie ungefähr fünf Minuten auf dem gekühlten Marmor liegen oder geben sie sofort in den Kühlschrank.

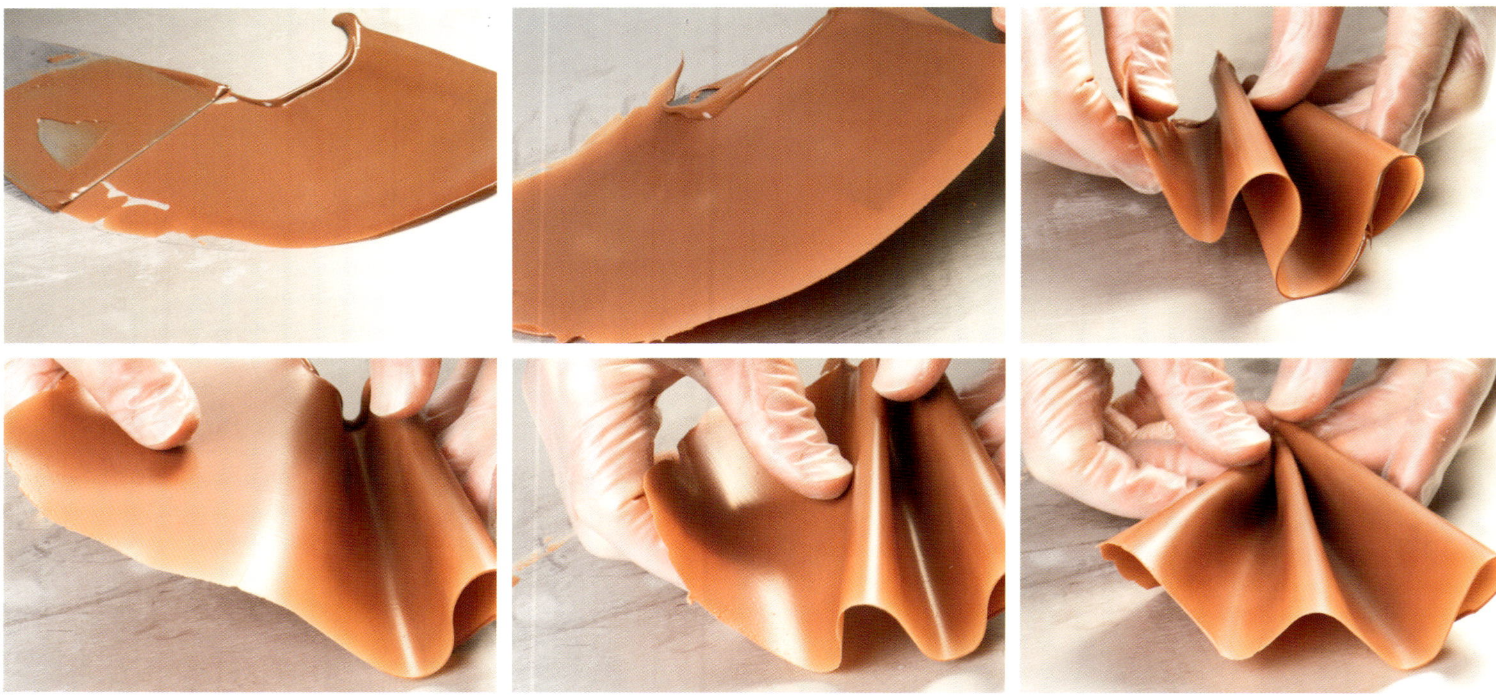

HAUCHDÜNNES SCHOKOLADENRELIEF ALS DECKEL FÜR TORTEN /

Mischen Sie Salatöl (Menge: ein Zehntel der Schokomasse) unter die temperierte Schokolade.

Tragen Sie rasch eine dünne Schicht Schokolade auf den gekühlten Marmor auf, die Sie sobald als möglich abnehmen und in die gewünschte Form bringen. Bedecken Sie dann die Torte damit.

Zum Lösen der Schokolade vom Marmor verwenden Sie für lange Bänder am besten eine Palette und für große Oberflächen einen breiten Spachtel.

Mit einer geeisten Eisbombenform arbeiten

GRAS /

Füllen Sie eine Eisbombenform (Durchmesser von 15 bis 18 Zentimeter) mit Wasser, und stellen Sie die Form ins Gefrierfach, bis das Wasser gefroren ist. Spritzen Sie mit weißer Schokolade parallele Fäden auf die kalte Form. Wiederholen sie den Vorgang mit dunkler Schokolade. Lassen Sie beides leicht anziehen, heben Sie die Schokolade dann von der Form ab, und falten Sie sie zu Grasbüscheln. Drücken Sie den Falz fest zusammen, sodass die Büschel sich weit öffnen. Hängen Sie das Gras für einige Minuten kopfüber an einen Haken in die Kühlung, bis die Schokolade ausgehärtet ist.

SCHMUCKTELLER ODER SUSHI-SCHALEN /

Spritzen Sie auf eine Eisbombenform (Durchmesser 15 bis 18 Zentimeter) mit einer Garniertüte parallele Fäden aus dunkler Schokolade. Spritzen Sie anschließend überkreuzend Fäden in die andere Richtung. Schneiden Sie die aufgespritzte Schokolade sobald als möglich in Quadrate oder Rechtecke. Heben Sie den »Teller« von der Eisbombenform ab, und lassen Sie ihn in der Kühlung aushärten.

Spritzen Sie mit einer Garniertüte runde Stützfüße aus Schokolade auf ein Stück Papier, und befestigen Sie die Füßchen an dem Teller.

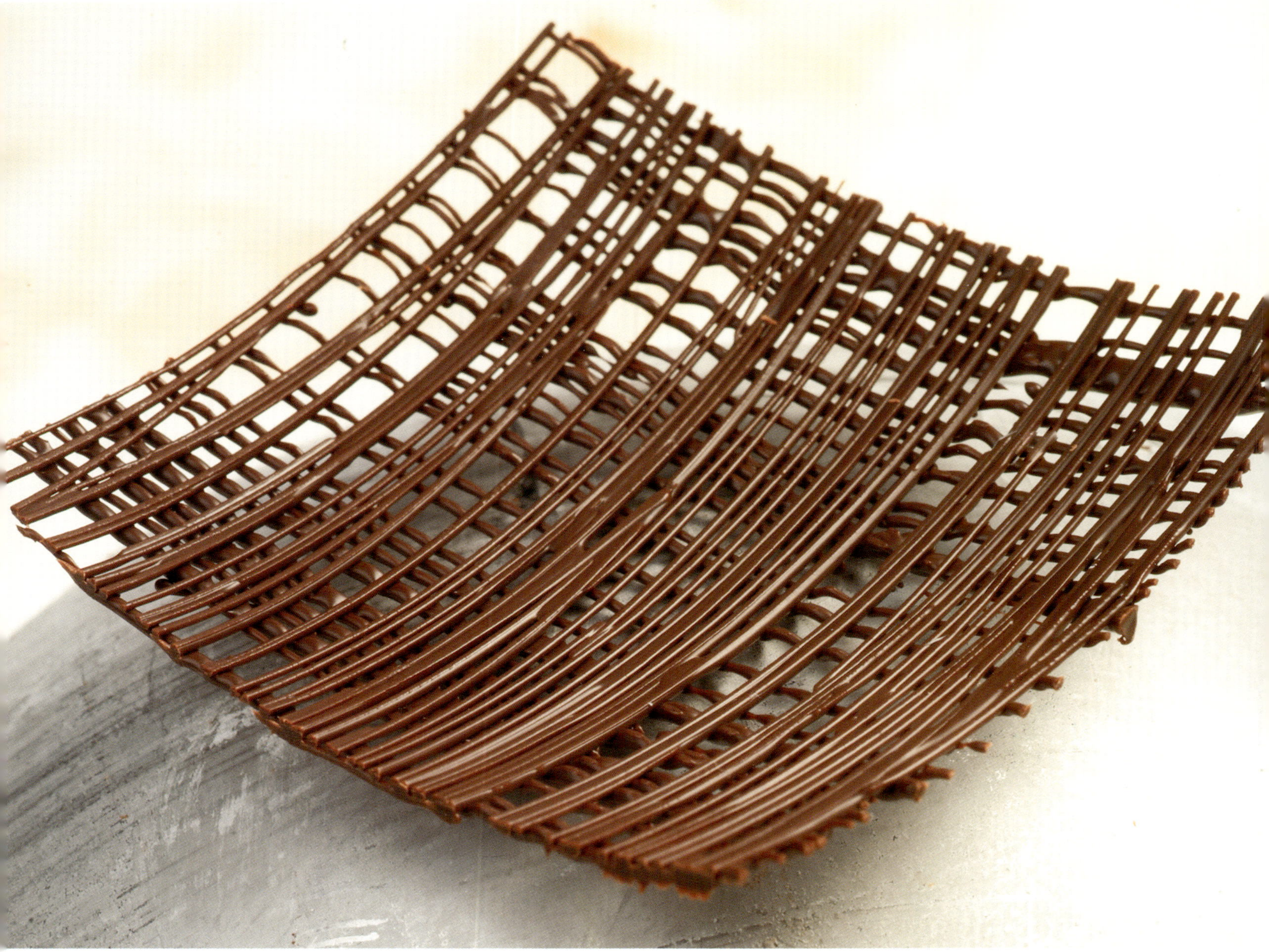

Mit einem gekühlten Stab oder Zylinder arbeiten

GELOCKTES HAAR /

Materialien: Metallzylinder, Messer.

Kühlen Sie den Metallzylinder bei mindestens -15 °C.

Füllen Sie eine Garniertüte mit dunkler Schokolade, und nehmen Sie den Zylinder aus der Kühlung.

Spritzen Sie schnell kurze Spaghetti quer über den Stab.

Lösen Sie mit einem Messer die »Locken« vom Stab. Legen Sie die Verzierungen sofort auf einen kalten Untergrund, oder lassen Sie sie für mindestens fünf Minuten an einem kühlen Ort aushärten.

KERZENHALTER I /

Spritzen Sie mit einer Garniertüte Fäden quer über den eiskalten Stab und dann sofort schräg überkreuzende Fäden darüber. Sobald Sie die Schokolade vom Stab abnehmen können, biegen Sie das entstandene Gitter vollständig zu einem Ring. Auf diese Art erhalten Sie einen »Kerzenhalter«.

Lassen Sie die Schokolade mindestens fünf Minuten lang an einem kalten Ort ruhen. Sie können jetzt eventuell eine Schokoladenkerze (siehe Seite 125) in den Kerzenhalter stellen.

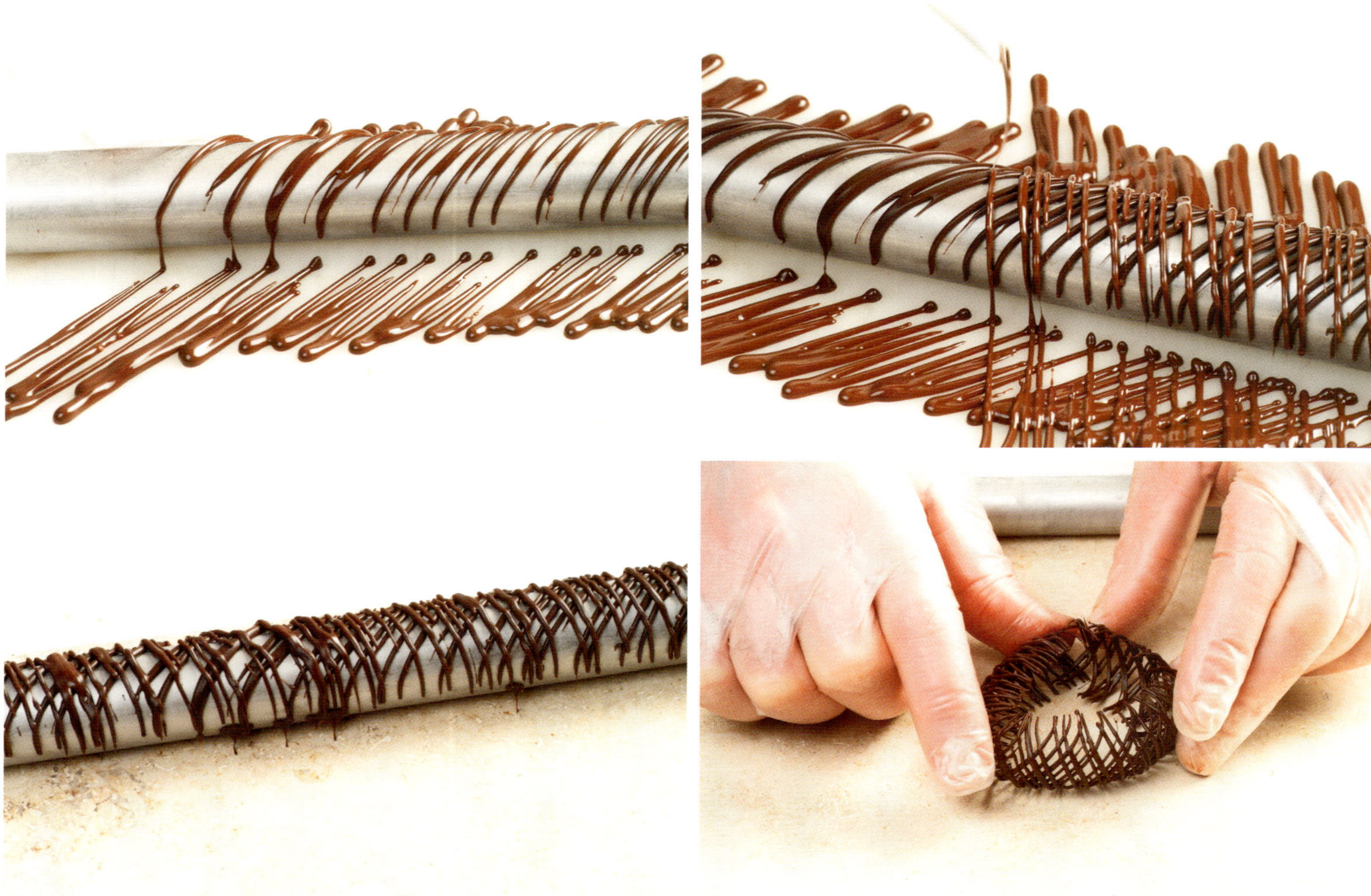

KERZENHALTER II /

Gehen Sie vor wie beim eben beschriebenen Kerzenhalter. Indem Sie das Schokoladengitter in die Gegenrichtung biegen, erhalten Sie eine andere Figur.

KOKON ALS DEKORATION AUF EINEM DESSERTTELLER /

Geben Sie eine Kugel Mousse oder Eis auf einen Teller.

Erstellen Sie aus Schokolade ein Gitter. Spritzen Sie hierzu auf einen Kühlzylinder schräg verlaufende parallele Fäden, und vervollständigen Sie das Gitter durch gegenläufige Fäden. Sobald sich das Gitter vom Zylinder lösen lässt, biegen Sie es vorsichtig um das Dessert.

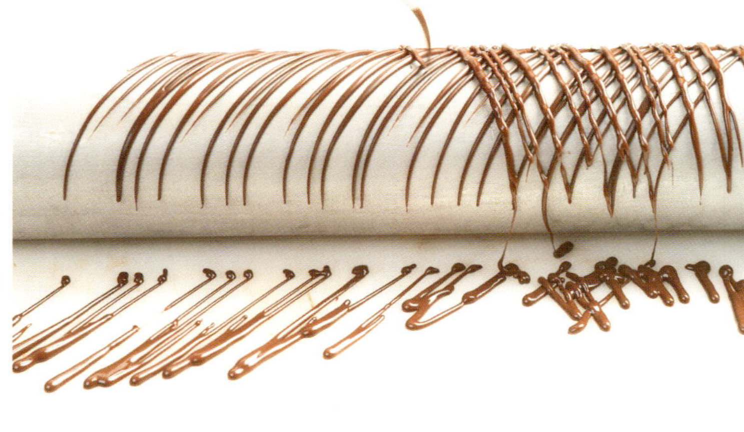

ZWEIFARBIGER KOKON /

Materialien: 2 Zylinder mit unterschiedlichem Durchmesser
1 Garniertüte gefüllt mit weißer Schokolade
1 Garniertüte gefüllt mit dunkler Schokolade

Spritzen Sie auf den kleineren gekühlten Zylinder mit weißer Schokolade in zwei Richtungen schräg verlaufende parallele Fäden. Sobald sich das Gitter von Zylinder nehmen lässt, biegen Sie es zu einem »Kokon«. Wiederholen Sie den Vorgang beim dickeren Zylinder mit dunkler Schokolade, und umschließen Sie den hellen mit dem dunklen »Kokon«.

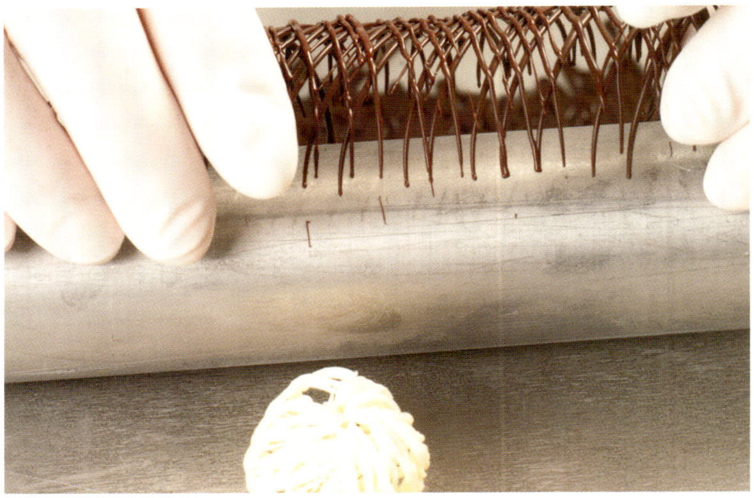

SCHMUCKZYLINDER /

Spritzen Sie auf einen gekühlten Zylinder mit einer Garniertüte kreisförmig Fäden. Nehmen Sie die Schokolade sobald als möglich ab. Formen Sie das Gitter auf einer gekühlten Marmorfläche zu einem Zylinder. Um eine gleichmäßig runde Form zu erhalten, können Sie das Gitter auch um eine Teigrolle biegen und sofort wieder abnehmen.

SPIRALEN /

Geben Sie ausreichend viele Garniertütchen für einige Stunden in den Gefrierschrank. Spritzen Sie auf der angefrorenen Marmorfläche einen Schokoladenfaden von ungefähr 20 Zentimetern Länge. Fügen Sie die Spitze des Garniertütchens mit dem Ende des noch flüssigen Schokoladenfadens zusammen, und wickeln Sie ihn zu einer Spirale auf.

BLUMEN UND BLÄTTER /

Ideal für diese Technik sind konische Förmchen aus Stein oder aus Metall. Dank ihrer Eigenschaft, Kälte über längere Zeit zu halten, können Sie effizient mit ihnen arbeiten. Diese Formen sind im Handel unter dem Namen »Magyfleur« erhältlich, aber sie können auch einfach selbst hergestellt werden. Praktisch sind vor allem Formen, die einen Griff auf der Rückseite haben. Stellen Sie die Formen in den Gefrierschrank, bis sie eiskalt sind. Tauchen Sie die Form in die temperierte Schokolade. Sobald die Schokolade fest geworden ist, können Sie sie mit einer Messerspitze von der Form lösen. Es können auch zwei Farben auf einer Form aufgebracht werden. Lassen Sie hierfür die erste Farbe leicht fest werden, und bringen Sie darüber die zweite Farbe auf. Selbstverständlich darf die erste Schicht nicht die ganze Oberfläche des Förmchens bedecken. Wenn Sie schnell arbeiten, können Sie zwei- bis dreimal nacheinander eine Figur erstellen. Sobald sich auf der Oberfläche Kondenswasser bildet, bleibt die Schokolade nicht mehr an der Form haften. Sorgen Sie also dafür, dass die Formen trocken bleiben.

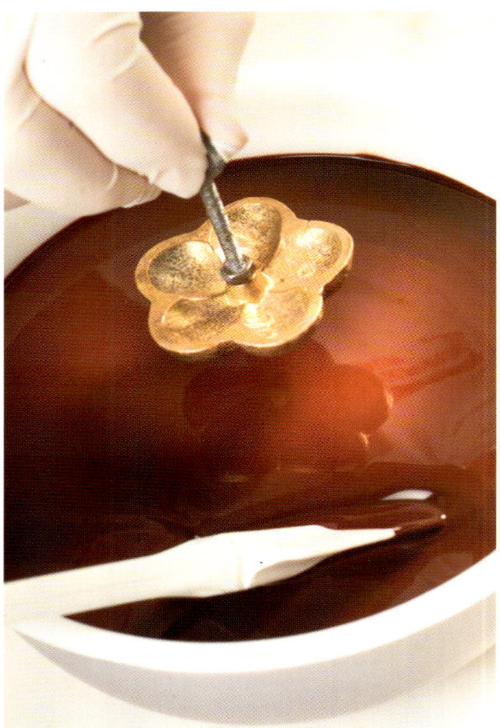

Mit eiskaltem Likör arbeiten

Vorbereitung: Füllen Sie einen hohen Kunststoff-Messbecher mit einem beliebigen Likör, und stellen sie ihn in den Gefrierschrank. Eine Temperatur zwischen -15 °C und -20 °C ist hierfür ideal. Da Alkohol nicht gefriert, bleibt der Likör flüssig.

LUSTIGE FIGUREN (ZUM BEISPIEL EIN HALLOWEEN-DEKOR) /
Spritzen Sie mit einer Garniertüte kräftig Schokolade in den kalten Likör. Die Schokolade wird sofort fest. Nehmen Sie mit Hilfe zweier Tauchgabeln die gespritzte Figur aus der Flüssigkeit, und legen Sie sie zum Trocknen auf ein Gitter oder ein Papier.

Variante: Gehen Sie wie oben beschrieben vor, aber spritzen Sie gleichzeitig mit zwei Garniertüten, von denen die eine mit dunkler Schokolade und die andere mit Milchschokolade oder weißer Schokolade gefüllt ist. Die Schokoladenfäden sollen sich ineinander verschränken.

ÄSTE UND BAUMSTÄMME /
Spritzen Sie Schokolade mit einer Garniertüte langsam in den kalten Likör. Verwenden Sie eine Tülle mit 8 bis 10 Millimeter Durchmesser. Nehmen Sie den Stamm nach dem Festwerden mit Hilfe zweier Tauchgabeln aus der Flüssigkeit, und lassen Sie ihn trocknen.

BLUMEN /
Spritzen Sie mit einer Garniertüte vorsichtig die Form einer Blume auf die Oberfläche der kalten Flüssigkeit. Achten Sie darauf, dass die Schokolade auf der Oberfläche aufliegt.
Nehmen Sie die Schokolade nach dem Festwerden mit Hilfe zweier Tauchgabeln aus der Flüssigkeit, und lassen Sie sie trocknen.

Mit Eis arbeiten

NETZE UND ANDERE LUSTIGE FORMEN /

Spritzen Sie Dekore in fantasievollen Formen auf Trockeneis-Granulat oder auf selbst zerkleinertes Eis. Wenn Trockeneis verwendet wird, ist das Dekor sofort so fest, dass es entfernt werden kann. Auf diese Art können Sie ohne Unterbrechung arbeiten. Bei der Verwendung von Eis muss das Dekor entfernt werden, sobald es fest geworden ist. Andernfalls kann die Schokolade durch das schmelzende Eis nass werden. Ist dieses Wasser dann verdunstet, wird die Schokolade an den betroffenen Stellen grau.

DESSERTCUP /

Gießen Sie Wasser in Flexipan-Matten mit Halbkugel, und geben Sie sie in den Gefrierschrank, bis das Wasser gefroren ist. Holen Sie die Halbkugeln aus der Form, und legen Sie sie auf einen Kochlöffel auf den gekühlten Marmor. Spritzen Sie mit einer Garniertüte parallele Fäden über die Halbkugeln. Spritzen Sie anschließend überkreuzend parallele Fäden in die gegenläufige Richtung. Lösen Sie die Schokoladeschälchen sofort von der Form, und legen Sie sie für mindestens fünf Minuten an einen kühlen Ort. Nach dem Festwerden können Sie eventuell noch einen Fuß anbringen. Spritzen Sie hierfür eine kleine Menge Schokolade auf Papier, und setzen Sie die Halbkugeln darauf.

EIN NETZ ALS DESSERTCUP /

Gießen Sie Wasser in Flexipan-Matten mit Halbkugel und geben Sie sie in den Gefrierschrank, bis das Wasser gefroren ist. Holen Sie die Halbkugeln aus der Form, und legen Sie sie auf einen Kochlöffel auf den gekühlten Marmor. Spritzen Sie mit einer Garniertüte unregelmäßige Flächen auf die Halbkugeln, und lassen Sie die Schokolade abtropfen. Lösen Sie die Schokoladeschälchen sofort von der Form, und legen Sie sie für mindestens fünf Minuten an einen kühlen Ort.

02 Gespritzte Verzierungen

ZIERGITTER /

Spritzen Sie mit Schokolade willkürlich Fäden kreuz und quer auf eine Kunststofffolie. Wiederholen Sie diesen Vorgang mit einer zweiten, eventuell auch mit einer dritten Schokoladenfarbe.

GITTERZYLINDER /

Breiten Sie ein rechteckiges Stück Kunststofffolie auf dem Marmor aus. Spritzen Sie in der Diagonalen parallele Fäden, die über den Rand der Folie hinausgehen. Wiederholen Sie den Vorgang in der Gegenrichtung. Lassen Sie die Schokolade anziehen, und heben Sie dann die Folie an, sodass die Fäden einen gleichmäßigen Rand ergeben. Ziehen Sie die Folie auf zwei gegenüberliegenden Seiten etwas ab, und formen Sie aus dem Schokoladengitter einen Zylinder. Legen Sie die Folie wieder über die Naht, und lassen Sie die Schokolade aushärten, bevor Sie die Folie entfernen. Brechen Sie den Zylinder in Stücke, oder schneiden Sie ihn mit einem angewärmten Messer zurecht.

VERZIERUNGEN MIT GEFÄRBTEM ZUCKER /

Mischen Sie Kristallzucker mit Farbpulver. Für ein besonders schönes Ergebnis verwenden Sie am besten metallfarbene Farbpulver, die sich leicht fett anfühlen und deshalb an den Zuckerkristallen haften bleiben. Streuen Sie den gefärbten Zucker auf einer randlosen Fläche gleichmäßig aus. Mit einem Stöckchen oder dem Finger können Sie in dem Zucker Linien ziehen oder sogar Zeichnungen anlegen. In und um die Linien oder die Zeichnung spritzen Sie leicht angedickte Schokolade, die Sie anschließend aushärten lassen.

STECHPALME 1 /

Spritzen Sie einen ovalen Tropfen Schokolade auf Papier.
Ziehen Sie mit einem Zahnstocher sofort kleine Spitzen aus den »Blatträndern«. Lassen Sie die Schokolade gut aushärten, bevor Sie die »Blätter« vom Papier nehmen.

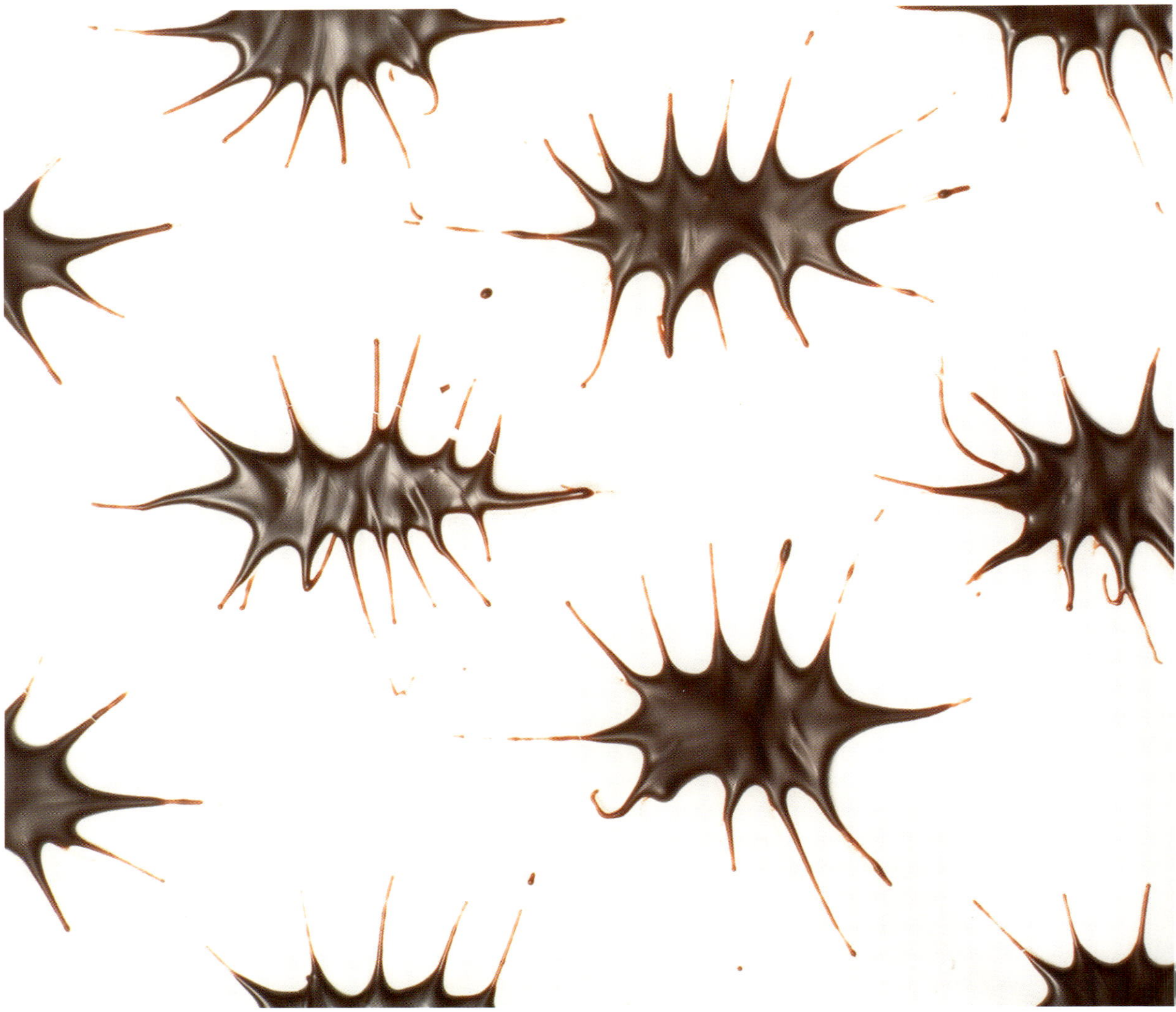

STECHPALME 2 /

In Läden, die Kunstblumen im Sortiment haben, sind auch Stechpalmenblätter aus Kunststoff erhältlich. Damit können perfekte Stechpalmenblätter aus Schokolade hergestellt werden. Bringen Sie mit dem Finger oder mit einem Pinsel eine dünne Schicht Schokolade auf den Kunststoffblättern auf, und lassen Sie die Schokolade gut aushärten. Ziehen Sie dann vorsichtig die Kunststoffblätter von der Schokolade. Achten Sie darauf, dass die Unterseite der Stechpalme sauber ist. Dadurch kann die Schokolade leichter abgenommen werden, und Sie vermeiden Bruch. Entfernen Sie vorhandene Schokoladenreste.

STECHPALME 3 /

Spritzen Sie einen Tropfen dunkle Schokolade auf Papier und darauf sofort einen Tropfen weiße Schokolade. Ziehen Sie mit eine Zahnstocher zuerst die Blattrippe und anschließend kleine Spitzen zu den Rändern hin.

PALMEN /

Für den Stamm:

Spritzen Sie mit dunkler Schokolade eine Linie in der gewünschten Form, und spritzen sie kleine Dreiecke darauf. Lassen Sie die Schokolade anziehen, und drehen Sie dann den Stamm um, damit sich die Schokolade nicht wellt. Spritzen Sie auf die Rückseite die gleichen Dreiecke, um dem Ganzen Stabilität zu verleihen.

Für die Blätter

Spritzen Sie große Kommas aus Schokolade. Bringen Sie mit einem Kamm auf einer Seite unregelmäßige Einkerbungen auf, wie bei echten Palmwedeln. Sie müssen schnell arbeiten, da die Schokolade schnell fest wird.

ROSTIGE SCHLÜSSEL /

Sieben Sie Kakaopulver auf eine Platte mit Rand, und streichen Sie es glatt. Versehen Sie die Schlüssel, die Sie kopieren wollen, zuerst mit einer Möglichkeit, sie wieder aus dem Pulver heben zu können, ohne dass sich der Abdruck verändert. Hierzu gibt es verschiedene Möglichkeiten. Sie können zum Beispiel etwas Knetgummi oder Plastilin auf die Rückseite des Schlüssels kleben, ihn an sehr dünnem Draht aufhängen oder ihn mit einer feinen Zange herausheben. Drücken Sie den Schlüssel vorsichtig und gleichmäßig in das Pulver, und holen Sie ihn langsam und ebenso vorsichtig wieder aus dem Pulver, ohne den Abdruck im Kakao zu beschädigen. In die so erhaltenen Formen spritzen Sie mit einer Garniertüte temperierte Schokolade, die Sie nach dem Aushärten aus der Form nehmen. Überschüssiges Kakaopulver entfernen sie mit einem Pinsel. Dieses Verfahren lässt sich auf viele Gegenstände übertragen.

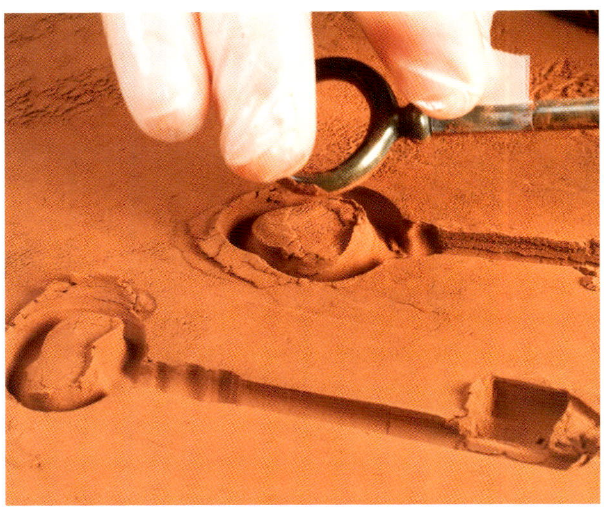

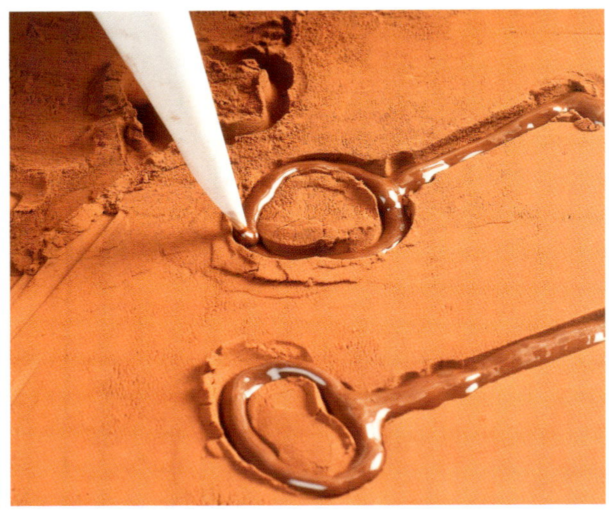

ÄSTE /

Mit Kakaopulver

Stellen Sie im Cutter knetbare Schokolade her (siehe Seiten 98 und 108), oder gießen Sie ein wenig stark kristallisierte Schokolade auf eine dicke Schicht Kakaopulver. Kneten Sie die Schokolade in die gewünschte Form, und lassen Sie sie aushärten.

TANNENBAUM /

Anleitung:

Zeichnen Sie Kreise verschiedener Größe auf ein Stück Papier; beginnen Sie mit den großen Kreisen. Vermischen Sie zerkleinerte Nüsse und Trockenfrüchte mit etwas Schokolade. Verwenden Sie hierfür vorzugsweise Schokolade mit viel Kakaobutter. Legen Sie nun mit einem Löffel unregelmäßige sternförmige Häufchen in die Kreise. Lassen sie die Schokolade aushärten, und setzen Sie die verschiedenen Teile zusammen. Fügen Sie die Teile der Größe nach zusammen; beginnen Sie mit den großen Teilen.

Variante 1:

Zeichnen Sie Kreise verschiedener Größe auf ein Stück Papier; beginnen Sie mit den großen Kreisen. Spritzen Sie anschließend Schokolade in Form von Blumenblüten in jeden Kreis. Lassen Sie alles aushärten. Indem sich die Schokolade nach oben zusammenzieht, entsteht ein natürlicher Effekt. Möchten Sie diesen Effekt vermeiden, dann legen Sie ein Blatt Papier auf die Schokolade, sobald sie nicht mehr klebt. Drehen Sie dann alles um, so dass die Schokolade aushärten kann. Fügen Sie die verschiedenen Teile nach dem Aushärten zusammen. Beginnen Sie mit den großen Teilen.

Variante 2:

Zeichnen Sie einen Tannenbaum auf ein festes Blatt Papier oder einen Karton, und schneiden Sie die Zeichnung aus. Fertigen Sie eine zweite, identische Schablone an, und schneiden Sie diese in zwei gleich große Hälften. Gießen Sie Schokolade auf Silikonpapier oder ein Stück Kunststofffolie, und streichen Sie sie gleichmäßig aus. Wenn die Schokolade nicht mehr klebt, schneiden Sie anhand der Schablonen einen Tannenbaum und acht bis zehn halbe Bäume aus. Drehen Sie die »Bäume« sofort um, damit sie sich nicht verziehen, und lassen Sie alles vollständig aushärten. Spritzen Sie dann Schokolade auf den »Stamm« eines halben Baums, und fügen Sie ihn in einem Winkel von 45° dem »ganzen« Baum hinzu. Lassen Sie die Verbindung aushärten. Verfahren Sie auf der Rückseite genauso, und verteilen Sie die übrigen Teile nach Geschmack auf beiden Seiten des Baums. Spritzen Sie bei Bedarf verdünnte Schokolade über den Baum.

Variante 3:
Vermischen Sie 1 Kilogramm Schokolade mit 200 Gramm Butter oder dicke Schokolade mit einigen Tropfen Zuckersirup, sodass die Schokolade gerade noch gespritzt werden kann. Dann spritzen Sie mit einer Garniertüte mit sternförmiger Spritztülle sternförmige Häufchen Schokolade. Beginnen Sie mit den großen Teilen, und lassen Sie alles aushärten. Fügen Sie die einzelnen Teile mit Schokolade zusammen.

Variante 4:
Stellen Sie zuerst den Stamm her. Dafür spritzen Sie dunkle Schokolade zu einem in die Länge gezogenen Tropfen. Spritzen Sie auf beide Enden des länglichen Tropfens Milchschokolade. Hierfür sollten Sie nicht zu flüssige Schokolade oder mit einigen Tropfen Zuckersirup verdickte Schokolade verwenden.

Variante 5:
Spritzen Sie einen Faden in der Dicke des kleinen Fingers, der in einem Punkt ausläuft. Ziehen Sie mit einem Dekorkamm Zweige aus beiden Seiten des Stamms.

Variante 6:
Stellen Sie zuerst den Stamm her. Dafür spritzen Sie dunkle Schokolade zu einem in die Länge gezogenen Punkt. Dann spritzen Sie mit einer Garniertüte mit sternförmiger Spritztülle eingedickte Schokolade in einer Zickzack-Bewegung von oben nach unten quer über den Stamm.

OIII

Verzierungen von Formen

PICASSO /

Streuen Sie ein oder mehrere unterschiedliche Farbpulver in eine Form. Gehen Sie mit dem Farbstoff sparsam um.

Gießen Sie etwas Kakaobutter oder Schokolade auf den Farbstoff. Verstreichen Sie die Farbe mit einem Pinsel.

Lassen Sie das Dekor anziehen. Gießen Sie jetzt eine abschließende Schokoladenschicht. Stellen Sie alles kühl, und nehmen Sie es anschließend aus der Form.

Die Verwendung von Kakaobutter hat den Vorteil, dass noch Korrekturen möglich sind. Ein Nachteil ist dabei allerdings, dass sich die Farben leichter vermischen. Das führt häufig zu einer gleichmäßig grauen Farbe. Das Risiko einer solchen »Verfärbung« ist bei der Verwendung von Schokolade geringer. Wenn Sie hier doch noch Verbesserungen anbringen möchten, sollten Sie durchsichtige Formen verwenden.

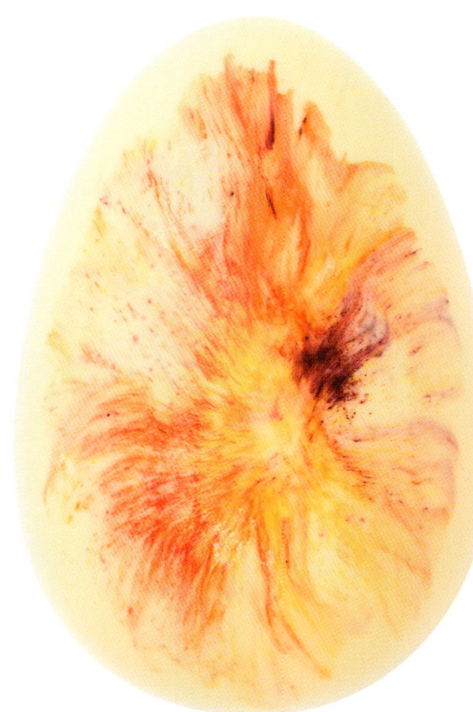

MARMORIEREN 1 /

Gießen Sie mit Hilfe eines Spachtels Fäden aus dunkler Schokolade in eine Form. Wiederholen Sie den Vorgang mit weißer Schokolade. Füllen Sie die Form danach sofort mit Milchschokolade und schütteln Sie die Form leicht. Dann drehen Sie die Form um und lassen die Schokolade unter kräftigem Schütteln aus der Form laufen, damit die Farben sich vermischen. Die daraus entstandene, dünne Schokoladenschicht sollte erst anziehen, bevor Sie die Form ein weiteres Mal mit einer Schokolade Ihrer Wahl ausgießen.

MARMORIEREN 2 /

Gießen Sie mit Hilfe eines Spachtels Schokoladenfäden in eine Form. Wiederholen Sie den Vorgang mit einer Schokolade anderer Farbe. Lassen Sie beide Schokoladen anziehen, bevor Sie eine dritte Schokolade eingießen.

MARMORIEREN 3 /

Verfahren Sie wie oben beschrieben. Ziehen Sie nach dem Ausschütten der Schokolade einen Finger durch die dreifarbige Schicht, sodass eine Marmorierung entsteht. Lassen Sie die Schicht anziehen, bevor Sie die Form ein weiteres Mal mit einer Schokolade Ihrer Wahl ausgießen.

MARMORIEREN 4 /

Gießen Sie mit Hilfe eines Spachtels Schokoladenfäden in eine Form. Wiederholen Sie den Vorgang mit einer zweiten und eventuell mit einer dritten Schokolade jeweils anderer Farbe. Geben Sie mit einer Sprühpistole einen kräftigen Luftstoß auf die noch flüssige Schokolade, um ein Wolkenmuster zu erzeugen. Lassen Sie diese Schicht erst anziehen, bevor Sie die Form erneut mit einer Schokolade Ihrer Wahl ausgießen.

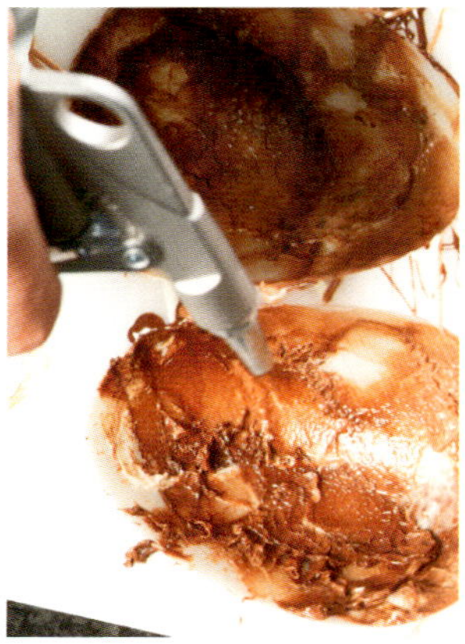

ENDLOSLINIE /

Spritzen Sie mit einer Garniertüte einen Endlosfaden aus Schokolade in eine Formn. Lassen Sie die Verzierung anziehen. Damit am Rand des Dekors keine Luftblasen entstehen, müssen Sie die Schokolade der anderen Farbe mit einem Pinsel dünn aufstreichen. Lassen Sie alles fest werden, bevor Sie eine letzte Schicht darüber gießen. Kühlen Sie das Dekor, und nehmen Sie es anschließend aus der Form.

NEGATIVMODELLE IN EINER FORM /

Gießen Sie zur Vorbereitung Silikon oder Gelatine in Förmchen. Lassen Sie alles fest werden. (Siehe auch »Silikonformen« auf Seite 116 und »Gelatineformen« auf Seite 114) »Kleben« Sie die Modelle nun mit der Rückseite in eine Schokoladenform. Gelatine hat eine gute Haftkraft. Bei kleinen Silikonformen kann durch starkes Andrücken ein Vakuum erzeugt werden, wodurch sie haften bleiben. Größere Silikonformen bleiben besser haften, wenn mit einem »Airbrush« Kakaobutter in die Form gespritzt wird. Sie können die Silikonformen auch mit etwas Schokolade fixieren. Wenn die Förmchen gut befestigt sind, streichen Sie mit einem Pinsel Schokolade in die Form. Hierdurch werden Luftbläschen vermieden. Gießen Sie erst nach dem Festwerden der ersten Schicht die Schokolade in die Form, um das gewünschte Volumen zu erzielen.

TROPFEN /

Spritzen Sie mit einer Garniertüte Schokoladentropfen, eventuell gleicher Größe. Fahren Sie anschließend wie auf den Fotos gezeigt fort.

DER »EIERSCHALEN-EFFEKT« /

Tragen Sie mit einer Palette Schokolade rund um den Rand einer Form auf, und lassen Sie die Schokolade zur Mitte der Form hin fließen. Wenn die Schokolade zu flüssig ist, müssen Sie die erste Schicht anziehen lassen, bevor Sie eine zweite Schicht auftragen.

VARIANTE DES »EIERSCHALEN-EFFEKTS« /

Gießen Sie Schokolade in eine Form, und lassen Sie sie anziehen. Sobald die Schokolade nicht mehr flüssig ist, ritzen Sie mit Hilfe eines Zahnstochers die Konturen einer aufgebrochenen Eierschale in die Schokolade.

FORM MIT FLÄCHEN /

Gießen Sie Schokolade in eine glatte Form. Benutzen Sie zum Beispiel einen Behälter, der die Form einer Halbkugel besitzt.

Stellen Sie die Form in die Kühlung. Lösen Sie die Schokolade aus der Form, und lassen Sie sie Zimmertemperatur annehmen. Nun legen Sie die Halbschale auf ein Knäuel weiches Papier, das Sie in der Hand halten. Ziehen Sie zuvor Handschuhe über, und übergießen Sie die Schale mit Schokolade, wobei Sie die Form schräg halten. Ziehen Sie dann mit einer Palette gleichmäßige Streifen über die Form. Lassen Sie die Schokolade aushärten, und bringen Sie zur Verzierung etwas Blattgold an.

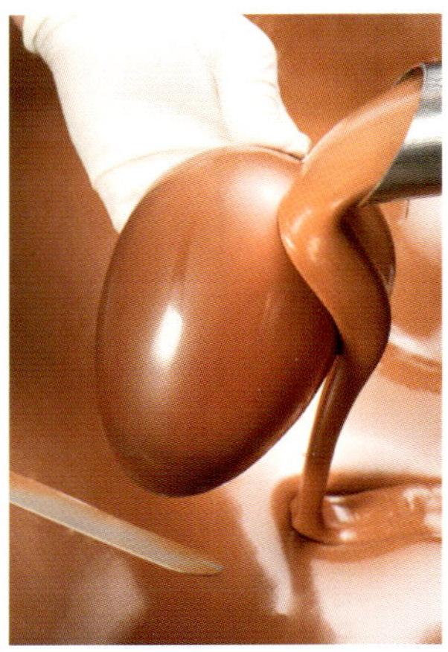

PUZZLE /

Rollen Sie dunkle Schokolade zwischen zwei Schichten Folie aus. (Siehe auch »Hauchdünne, glänzende Schokoladenblättchen« auf Seite 128)

Verfahren Sie ebenso mit Milchschokolade und weißer Schokolade. Sie können auch gefärbte Schokolade verwenden. Lassen Sie die Schokolade aushärten. Die Schokolade muss lang genug zwischen der Folie bleiben, damit sie nach dem Aushärten glänzt. Entfernen Sie die Folie, und brechen Sie die Schokolade in unregelmäßige Stücke. Tragen Sie dabei Handschuhen, um Fingerabdrücke zu vermeiden.

Erwärmen Sie die Form, die Sie dekorieren möchten, auf 30 °C, und platzieren Sie die Schokoladenstücke darauf, wie es auf der Abbildung rechts zu sehen ist. Die Schokoladenstückchen sollen an der erwärmten Oberfläche haften bleiben, aber nicht schmilzen. Mischen Sie zwei verschiedene Schokoladesorten für einen neuen Farbeffekt. Diese »Farbe« streichen Sie mit einem Pinsel auf die Schokoladenstückchen. So werden Luftbläschen vermieden. Gießen Sie nach dem Aushärten eine abschließende Schokoladenschicht auf, bis die gewünschte Stärke erreicht ist. Diese Verzierung kann sowohl auf einem flachen Schokoladenstück als auch in einer glatten Form aufgetragen werden. Ein flaches Schokoladenstück kann anschließend in die gewünschte Form geschnitten werden.

SPAGHETTI-EI /

Spritzen Sie mit einer Garniertüte weiße Schokoladefäden auf eine eisgekühlte Marmorplatte. (Siehe auch »Verzierungen auf eisgekühltem Marmor herstellen«, Seite 14) Dann werden die Fäden in die Form gelegt und leicht angedrückt. Lassen Sie alles fest werden. Kleben Sie mit einem Pinsel die dunklen »Schokoladenspaghetti« an den Rändern und in den Zwischenräumen fest. Nach dem Festwerden gießen Sie die Schokolade in die Form.

AIRBRUSH AUF DÜNNEN, WEICHEN SILIKONSCHABLONEN /
Schneiden Sie eine Schablone aus Silikon aus, und legen Sie diese in eine Form oder auf eine Folie. Spritzen Sie nun die gefärbte Kakaobutter darüber, und lassen Sie alles aushärten. Entfernen Sie die Silikonschablone bzw. verschieben Sie die Silikonschablone, und sprühen Sie eine andere Farbe darüber. Sie können auch eine andere Schablone über dem gesprühten Teil anbringen. Indem Sie eine weitere Farbe über das Ganze sprühen, erzielen sie den Eindruck von räumlicher Tiefe. Gießen Sie nun eine Schicht Schokolade in die Form. Bei einem flachen Schokoladenstück wird die gesamte Oberfläche mit Schokolade bestrichen, damit die notwendige Stärke erreicht wird.

Variante:
Stellen Sie eine Schablone aus Silikon her, und legen Sie diese in eine Form oder auf eine Folie. Spritzen Sie geschmolzene Kakaobutter über alles oder über Teilbereiche. Lassen Sie die Schablone in der Form, und gießen Sie Schokolade darüber, bis die gewünschte Dicke erreicht ist. Entfernen Sie das Silikon, wenn die Schokolade ausgehärtet ist.

MIT EINEM PINSEL EINFÄRBEN /

Malen Sie mit einem Pinsel mit farbiger Kakaobutter einfache Motive in die Form, und lassen Sie alles fest werden. Dann gießen Sie eine Schicht Schokolade in die Form.

MIT SCHOKOLADENRASPEL VERZIEREN /

Gießen Sie die Schokolade in eine glatte Form (zum Beispiel Halbkugel oder Ei). Lassen Sie die Schokolade anziehen, und stellen Sie die Form in die Kühlung. Lösen Sie dann die Schokolade aus der Form, und bringen Sie das Ganze auf Zimmertemperatur. Anschließend bestreichen Sie die Form mit Schokolade und setzen sofort Schokoladenraspel auf. Zum Schluss verzieren mit Blattgold.

GITTER AUS EINGEDICKTER SCHOKOLADE /

Spritzen Sie mit eingedickter Schokolade unregelmäßig dicke Fäden in eine glatte Form. Die Schokolade wird eingedickt, indem einige Tropfen Zuckersirup oder Likör zugefügt werden.

Kühlen Sie die Form, und lassen Sie die Schokolade vollständig aushärten. Anschließend wird sie vorsichtig aus der Form gelöst.

EI MIT ALLERLEI TROCKENFRÜCHTEN, NÜSSEN ODER PERLEN /

Geben Sie eine Garnitur nach Wahl in eine Form. Darauf spritzen Sie mit einer Garniertüte Schokolade, bis alles fixiert ist. Lassen Sie nun das Stück aushärten. Streichen Sie dann mit einer Bürste Schokolade rund um die Garnitur. Lassen Sie diese erste, dünne Schokoladenschicht aushärten, und gießen Sie dann die abschließende Schicht. Kühlen Sie die Form. Abschließend wird die Schokolade vorsichtig aus der Form gelöst.

Ei mit Nest /

Kleben Sie ein Ei aus Silikon oder Gelatine in eine größere Eiform. Streichen Sie vorsichtig Schokolade um das angeklebte Ei, und lassen die Schokolade gut aushärten. Nun gießen Sie eine Schicht Schokolade in die Form, die Sie anschließend kühlen. Lassen sie die Schokolade aushärten. Lösen Sie nun das Ei mit einem Messer vorsichtig aus der Form, und entfernen Sie ebenso vorsichtig das Silikon- bzw. Gelatineei. Sie haben nun ein Schokoladenhalbei mit einer eiförmigen Vertiefung. Spritzen Sie auf eisgekühlten Marmor ein Nest (Siehe hierzu »Verzierungen auf eisgekühltem Marmor«, Seite 14). Kleben Sie das Nest in die eiförmige Vertiefung, und lassen Sie alles aushärten. Spritzen Sie mit einer Garniertüte einige Punkte in das Nest, und fixieren Sie kleine Eier darauf.

DÜNNE LINIEN AUFSPRITZEN /

Legen Sie die Formen, die Sie bespritzen wollen, auf einen Kochlöffel. Spritzen Sie mit einer Garniertüte dünne, parallel verlaufende Schokoladenfäden über die Formen. Am besten eignen sich glatte Formen ohne Zeichnung. Verzieren Sie das Stück mit Blattgold.

EI MIT RELIEF /

Gießen Sie zwei Ei-Hälften und einen Sockel. Fügen Sie die Ei-Hälften zusammen, und setzen Sie anschließend das Ei auf den Sockel. Dann tragen Sie mit einem Spachtel, einer Palette oder einer Garniertüte ein Schokoladenrelief auf die Form auf und lassen alles aushärten. Verdünnen Sie Schokolade mit Kakaobutter, und sprühen Sie die Mischung mit einem Airbrush über das Ei. So erhalten Sie hübsche Farbschattierungen.

EI MIT LINIENSPIEL /

Gießen Sie Ei-Hälften und einen Sockel. Fügen Sie die Ei-Hälften zusammen, und setzen Sie anschließend das Ei auf den Sockel. Spritzen Sie dann ein unregelmäßiges, aber elegantes Linienspiel auf das Ei, und lassen Sie alles aushärten. Tragen Sie mit dem Airbrush Farbe oder verdünnte Schokolade auf.

INEINANDER FLIESSENDE FARBEN /

Gießen Sie etwas flüssige, gefärbte Kakaobutter in eine Form, es kann auch eine zweite Farbe hinzugefügt werden. Geben Sie ein wenig Schokolade darüber. Drehen Sie die Form langsam hin und her, damit die Farben in der Form ineinander fließen. Lassen Sie alles aushärten, bevor Sie das Stück aus der Form lösen.

TROCKENEISTECHNIK /
Färben Sie Trockeneis-Granulat ein, und streuen Sie es in eine Form. Gießen Sie Schokolade darüber. Klopfen Sie gegen die Form, um Luftbläschen zu entfernen.

Gießen Sie zuerst Schokolade in die Form, und streuen Sie danach gefärbtes Trockeneis-Granulat darüber. Lassen Sie alles im Kühlschrank aushärten, bevor Sie die Schokolade aus der Form lösen.

OIV

Blumen

Blumen

MIT EINER AUSSTECHFORM /

Streichen Sie Schokolade dünn auf dem Marmor aus. Die Schokolade sollte noch weich sein, aber nicht mehr so dünnflüssig, dass sie noch klebt. Schaben Sie nun mit einer runden Form Blätter oder wellige Formen aus der Schokolade. Wahlweise können Sie auch einen Block Schokolade an einem warmen Ort über mehrere Stunden weich werden lassen und anschließend mit einer runden Form gekräuselte Formen und Blätter aus dem Block schaben.

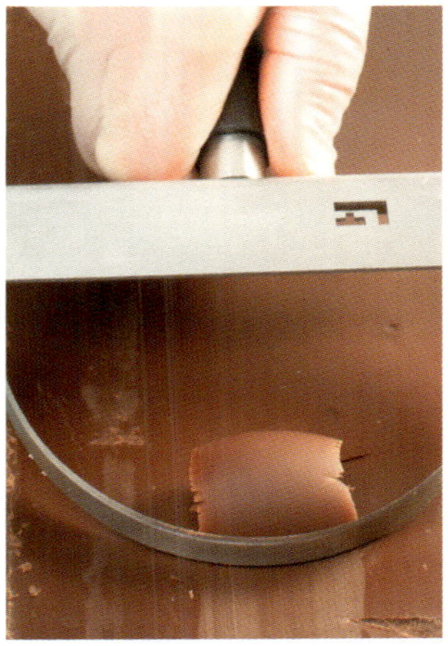

SCHLAUFEN /

Stellen Sie schmale Schlaufen her. (Die Anleitung hierzu finden Sie im Abschnitt »Schokoladeschleifen«, Seite 130)

Legen Sie die Schlaufen flach in einem Kreis aus. Spritzen Sie Schokolade in die Mitte, um die Schlaufen zusammenzufügen.

Fügen Sie so viele Schlaufen zusammen, bis Sie eine regelmäßige Halbkugel erhalten.

BLUMENBLÄTTER, MIT EINER SCHMALEN PALETTE HERGESTELLT /

Schneiden Sie Kunststofffolie in rechteckige Stücke. Streichen Sie darauf mit einer Palette weiße Schokolade in ovaler Form aus. Achten Sie dabei darauf, dass die Blätter zu den Spitzen hin dünner werden. Wenn Sie die Blätter sofort auf eine Teigrolle oder eine gewölbte Fläche legen, werden sie leicht gerundet.

BLUMENBLÄTTER, MIT DER MESSERSPITZE HERGESTELLT /

Sie benötigen ein Stück Kunststofffolie, das ungefähr zehn Zentimeter breit und dreißig Zentimeter lang ist. Legen Sie die Folie an den Rand des Arbeitstischs. Tauchen Sie die Spitze eines Messers in dickflüssige Schokolade, und drücken Sie das Messer mit der »Schokoladenseite« auf die Folie, sodass ein Blatt entsteht. Wiederholen Sie diesen Vorgang, bis die Folie mit Blättern gefüllt ist. Legen Sie den Folienstreifen sofort auf eine Teigrolle oder eine gewölbte Fläche, damit die Blätter eine leicht runde Form bekommen. Um den Arbeitsvorgang zu beschleunigen, können Sie auch eine Schablone aus Kunststoff verwenden.

Variante: Zweifarbige Blätter

Verwenden Sie zwei spitze Messer. Tauchen Sie die Spitze des einen Messers in Vollmilch- oder Bitterschokolade. Streichen Sie damit das Blatt wie oben beschrieben aus. Bringen Sie unmittelbar danach weiße Schokolade auf die Blattadern. Setzen Sie den Arbeitsvorgang wie oben beschrieben fort.

BLUMENBLÄTTER, MIT EINER MALERPALETTE HERGESTELLT /

Bereiten Sie mehrere Streifen Kunststofffolie von ungefähr zehn mal dreißig Zentimetern Größe vor. Tragen Sie mit Hilfe einer Malerpalette dickflüssige Schokolade in Form von Kommas auf die Folie auf. Erstellen Sie so eine ganze Reihe Kommas. Legen Sie die Folie auf eine Teigrolle oder eine gewölbte Fläche.

Variante:

Kleben Sie einen Streifen Kunststofffolie auf die Marmorfläche.

Streichen Sie auf den Streifen mit einer Palette weiße Schokolade in S-Form aus. Damit die Schokolade eine wellige Form bekommt, legen Sie die Folie anschließend auf eine gewölbte Fläche.

Mit einem Stempel:

Formen Sie ein Blatt aus Silikon, und bringen Sie auf der Rückseite einen kleinen Griff an. Befeuchten Sie die Marmorfläche leicht, und befestigen Sie einen Streifen Folie darauf. Mischen Sie zwei Farben Schokolade, beispielsweise weiße und rote Schokolade.

Lassen Sie vorsichtig etwas rote Schokolade auf die weiße Schokolade tropfen. Tauchen Sie den Blattstempel in das Farbgemisch, und drücken Sie den Stempel sanft auf die Folie. Wiederholen Sie diesen Vorgang, bis der ganze Streifen gefüllt ist. Legen Sie die Folie sofort auf eine gewölbte Platte, und lassen Sie alles aushärten.

Mit einer Negativ-Schablone:
Schneiden Sie aus einem festen Stück Kunststoff mehrere Blätter, und legen Sie diese Schablonen auf einen Streifen Kunststofffolie. Streichen Sie Schokolade darauf, und entfernen Sie danach sofort die Schablonen. Legen Sie die Folie in eine Dachrinnenform, um den Blättern eine Wölbung zu geben.
Lassen Sie die Blätter im Kühlschrank aushärten. (Abbildungen finden Sie im Abschnitt »Geäderte Blätter«, Seite 100)

Mit einer Positiv-Schablone:
Schneiden Sie mehrere gleich große Blätter aus Polyäthylen oder Kunststofffolie.
Ziehen Sie die Blätter nacheinander durch die Schokolade. Achten Sie darauf, dass keine Schokolade auf der Unterseite der Schablone haften bleibt.
Legen Sie die Blätter auf eine gebogene Form, und lassen Sie sie aushärten.

PARADIESVOGELBLUME /

Schneiden Sie aus Silikonfolie Blätter von gleicher Form und Größe. Färben Sie die Blätter mit Kakaobutter rot, die Blattränder gelb. Lassen Sie alles aushärten. Streichen Sie weiße Schokolade gleichmäßig in einer dünnen Schicht über jedes Blatt. Lassen Sie die Schokolade leicht anziehen. Biegen Sie die Blätter in die gewünschte Form, wenn die Schokolade nicht mehr klebt. Lassen Sie alles aushärten, und entfernen Sie anschließend die Folie. Fügen Sie die Blätter an der Unterseite mit etwas Schokolade zusammen. Nehmen Sie für die Außenseite ein größeres Blatt. Färben Sie dieses violett mit einigen roten Tupfen, und lassen Sie alles aushärten. Tragen Sie gleichmäßig eine dünne Schicht Schokolade auf, und wickeln Sie das Blatt um das Ganze, sobald die Schokolade nicht mehr klebt.

ROSEN AUS MODELLIERSCHOKOLADE /

Kneten Sie kleine Stücke Modellierschokolade, bis Sie diese ausrollen können.

Legen Sie die Schokolade zwischen zwei feste Kunststoffplatten, und rollen Sie sie zu einer Stärke von drei Millimetern aus. So verhindern Sie ein Ankleben.

Stechen Sie Kreise mit einem Durchmesser von ungefähr drei Zentimetern aus. Legen Sie diese in gleichmäßigem Abstand zwischen die Kunststoffplatten. Drücken Sie die Oberkante der Blätter mit einem Teigschaber aus Kunststoff flach. Formen Sie die Knospe mit der Hand. Drücken Sie die Blätter nacheinander mit dem Daumen kräftig auf einen dicken Schwamm. Auf diese Art erhalten Sie schön geschwungene Blätter. Legen Sie das erste Blatt vollständig um die Knospe. Das Blatt sollte spitz zulaufen. Machen Sie dasselbe mit den übrigen Blättern.

Um kleine Rosen herzustellen, benötigt man ein Blatt für die Knospe und drei weitere Blumenblätter für die Blüte.

Für größere Blüten verwenden Sie entsprechend mehr Blätter.

NELKEN /

Kneten Sie kleine Stücke Modellierschokolade, bis Sie sie ausrollen können. Formen Sie die Masse zu einer Rolle mit ungefähr 1 Zentimeter Durchmesser und ungefähr 30 Zentimetern Länge. Legen Sie die Rolle ungefähr 1 Zentimeter vom Rand der Arbeitsplatte entfernt aus, und drücken Sie die Vorderseite der Rolle mit einem großen Messer platt, bis sie so dünn ist, dass beinahe die Arbeitsplatte durchscheint.
Schneiden Sie das so hergestellte Band ab, und drücken Sie mit einem Dekorkamm feine Linien in den Streifen.
Kerben Sie die dünne Seite des Streifens mit einer Messerspitze in gleichmäßigen Abständen ein.
Rollen Sie den Anfang des Streifens zu einem kleinen Röllchen, heben Sie es ungefähr 5 Zentimeter an, und drücken Sie gleichzeitig den Streifen mit dem Zeigefinger der anderen Hand zusammen. Drehen Sie den Zylinder um 90 Grad. Wiederholen Sie diesen Vorgang, bis der gesamte Streifen aufgerollt ist.
Drücken Sie den Blütenboden zusammen, so dass sich die Oberseite der Blüte öffnet und sie dadurch natürlicher aussieht.

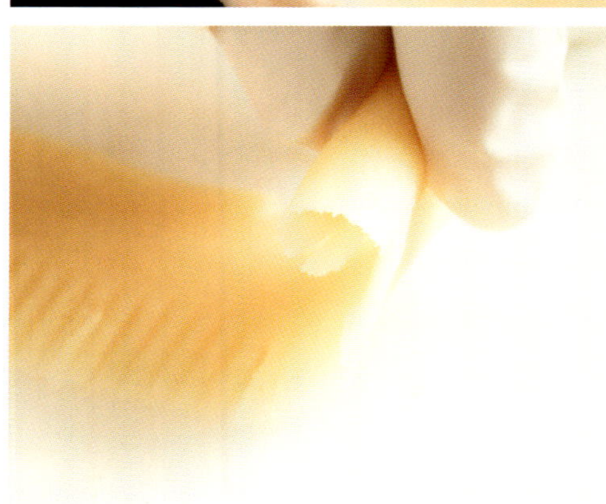

FANTASIEBLÜMCHEN / (Siehe Seite 93)

Kneten Sie kleine Stücke Modellierschokolade, bis Sie diese ausrollen können. Rollen Sie diese Masse zwischen zwei Konditorfolien auf eine Stärke von drei Millimetern aus. Auf diese Weise verhindern Sie ein Aneinanderkleben. Stechen Sie Kreise mit einem Durchmesser von 2,5 Zentimetern aus, und legen Sie diese in gleichmäßigem Abstand voneinander zwischen die Konditorfolien. Drücken Sie die Oberkante der Blätter mit einem Spachtel flach. Rollen Sie vier Blättchen zu vier Röllchen. Drücken Sie diese vier Röllchen an der Unterseite zusammen. Rollen Sie etwas grüne Modellierschokolade spitz zusammen, und kleben Sie diese zwischen die Röllchen.

MIT KLEINEN LUFTBALLONEN /

Blasen Sie kleine Luftballone auf. Tauchen Sie einen Ballon seitlich in die Schokolade. Wiederholen Sie den Vorgang auf der anderen Seite und lassen Sie das Ganze aushärten. Drücken Sie leicht auf die Luftballone, um die Schokoladenblättchen von der Form zu lösen.

MODELLIEREN MIT WASSER /

Dicken Sie Schokolade ein, indem Sie Tropfen für Tropfen Wasser untermischen. Nehmen Sie etwas Schokolade in die angefeuchteten Hände, und modellieren Sie daraus Blumenblätter.

MIT HILFE EINES CUTTERS /

Mahlen Sie die Schokoladentropfen mit Hilfe eines Cutters zu grobem Pulver und lassen Sie alles kurz abkühlen.
Geben Sie kleine Portionen Schokoladenpulver in den Cutter, und lassen Sie ihn solange laufen, bis aus der Schokolade eine weiche, knetbare Kugel geworden ist. (Zu diesem Thema siehe auch »Knetbare Schokolade zum Modellieren«, Seite 108)
Modellieren Sie daraus mit den Händen die Blütenblätter.

Variante: mit Kristallzucker

Nehmen Sie etwas knetbare Schokolade oder auch stark kristallisierte Schokolade in die Hand. Umhüllen Sie das Ganze mit Kristallzucker, sodass die Schokolade nicht an den Fingern klebt. Formen Sie aus dieser Masse Blütenblätter.

Variante: mit Kakaopulver

Verfahren Sie wie mit dem Kristallzucker.

Zusammensetzen der Blumen

Es gibt hierfür mehrere Verfahren. Um Blumen, die schon weit aufgeblüht sind, herzustellen, sollten Sie damit beginnen, die äußeren Blätter in einen Kreis zu legen. Achten Sie darauf, dass sich die Blätter etwas überlappen. Abschließend formen Sie den Blütenstand der Blume.
Eine geschlossene Blüte hingegen fertigt man besser von innen nach außen an.
Beachten Sie bitte: Die Blätter werden oft zur Mitte hin kleiner.
Sie können das Ganze nach Belieben mit farbiger Kakaobutter besprühen.

GESPRITZT /

Spritzen Sie auf eine Kunststofffolie große ovale Tropfen, die spitz zulaufen, und lassen Sie alles aushärten.
Als Grundlage spritzen Sie nun einen Tropfen Schokolade auf Papier. Darauf befestigen Sie drei, vier oder fünf Blätter. Für den Blütenkelch spritzen Sie einen Tropfen Schokolade und bestreuen ihn mit einigen farbigen Kügelchen. (Zum Beispiel Croquantes PCB M29)

Variante zur gespritzten Version

Spritzen Sie mit einer mit Vollmilchschokolade gefüllten Garniertüte zuerst die Stängel. Setzen Sie dann vier oder fünf Tropfen dunkle Schokolade oben an die Stängel. Für den Blütenkelch spritzen Sie einen Tropfen weiße oder Vollmilchschokolade.

Blätter

Als Schablone können Sie alle Arten Blätter verwenden. Anregungen finden Sie sicher auch in Geschäften, die künstliche Blumen verkaufen. Waschen und trocknen Sie die Blätter, und bestreichen Sie sie anschließend mit Schokolade. Verwenden Sie hierfür einen Pinsel oder einfach nur den Finger. Lassen Sie alles aushärten. Tragen Sie eventuell noch eine zweite Schicht auf. Damit die Schicht nicht bricht, müssen Sie darauf achten, dass die Schokolade nicht über den Blattrand hinaus aufgetragen wird. Stellen Sie die Schokoladenblätter kühl, und lösen Sie sie vorsichtig von der Form. Sollten Sie keine Blätter zur Verfügung haben, können Sie die gewünschten Formen auch selbst auf ein stärkeres Stück Papier oder auf Silikon zeichnen und anschließend ausschneiden. Legen Sie hierzu die Schablonen auf den Arbeitstisch und übergießen Sie diese mit Schokolade, die Sie anziehen lassen und danach mit einer Palette von der Form abstreichen. Legen Sie die Blätter auf eine gewölbte Fläche, um sie in einer natürlichen Rundung aushärten zu lassen.

GEÄDERTE BLÄTTER /

Sie benötigen hierfür Plastikfolie in einer Stärke von rund 0,5 Millimetern. Mit einem scharfen Bastelmesser schneiden Sie verschiedene Blätter aus dieser Folie und legen diese Schablone auf ein zweites Stück Folie. Ritzen Sie nun mit der Spitze eines scharfen Messers die Blattadern in die untergelegte Folie. Gießen Sie nun die Schokolade in die Blattformen, und biegen Sie die Schablone sofort hoch, um halbrund geformte Blätter zu erhalten. Legen Sie die Schablone zum Aushärten in eine Dachrinnenform.

Variante

Legen Sie einen Streifen Kunststofffolie an den Rand einer Marmorfläche, und tauchen Sie die Spitze eines spitzen Messers in die Schokolade. Stellen Sie damit Abdrücke auf der Folie her. Bevor die Schokolade fest wird, legen Sie den ganzen Streifen über eine Teigrolle. So erhalten die Blätter während des Aushärtens eine natürliche Form. Um den Arbeitsvorgang zu beschleunigen, können Sie auch die Umrisse der Messerspitze auf einem Stück Kunststoff mehrmals nachzeichnen und ausschneiden. So entsteht eine Schablone mit drei oder vier Blättern, die Sie gleichzeitig in die Schokolade tauchen können.

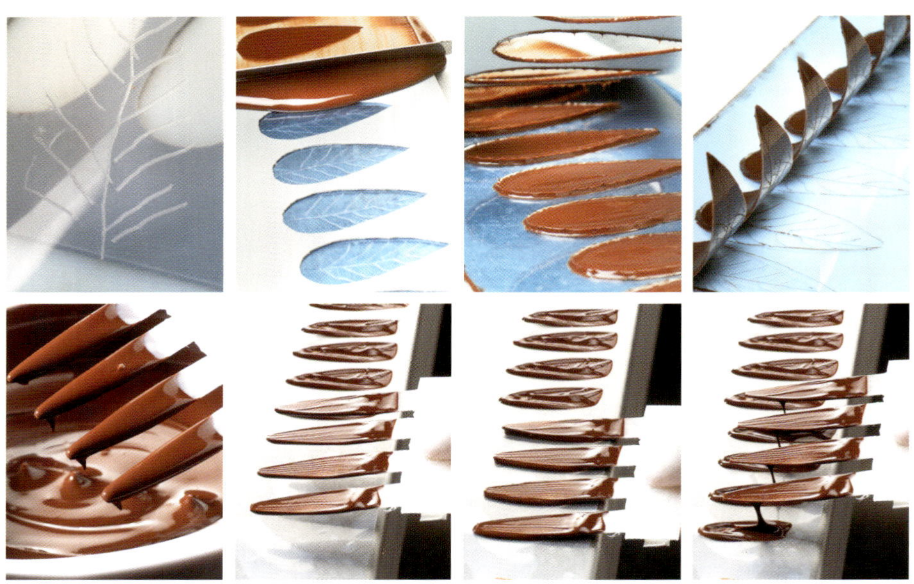

Techniken
für Schokoladenstücke

Schneiden und zusammenfügen

Mit einer Schablone:

Zeichnen Sie ein Modell auf Karton oder auf ein festeres Stück Kunststoff. Schneiden Sie die Zeichnung sorgfältig aus. Streichen Sie auf einem Stück fettfreiem Papier gleichmäßig Schokolade aus. Verwenden Sie bei großen Oberflächen einen Kochlöffel oder einen Abstreichbehälter, bei dem Sie Höhe und Breite einstellen können. (PCB bietet ein Abstreichwerkzeug an, das Sie auf eine Breite von 400 Millimetern und eine Stärke zwischen 0 und 10 Millimetern einstellen können)

Lassen Sie die Schokolade fest werden, bis sie nicht mehr klebt. Nun legen Sie die Schablone auf die Schokolade. Schneiden Sie die Konturen mit einem scharfen Messer nach, mit dem Sie zuverlässig arbeiten können.

Legen Sie ein Stück Papier auf die Schokolade, und drehen Sie das Stück um. Hierdurch wird verhindert, dass sich die Schokolade verzieht.

Lassen Sie die Schokolade lange genug fest werden, um zu verhindern, dass sie matt wird. Ziehen Sie dann die Folie mit einem Ruck von der Schokolade, um matte Linien auf der Oberfläche zu vermeiden.

Lassen Sie das Stück abschließend aushärten.

Mit einer Zeichnung:

Jetzt benötigen Sie ein kleines Stück fettfreies Papier. Legen Sie auf beide Seiten einen Kochlöffel, und gießen sie die Schokolade dazwischen. Legen Sie dann ein Blatt Papier oder eine Folie mit einer Zeichnung mit der Rückseite auf die Schokolade, und rollen Sie das Ganze auf die gewünschte Stärke aus. Achten Sie darauf, dass zwischen der Folie und der Schokolade keine Luftbläschen entstehen bzw. zurückbleiben.

Lassen Sie die Schokolade anziehen.

Schneiden Sie mit einem Seitenschneider die Zeichnung aus, und drehen Sie das Stück um, damit sich die Schokolade nicht verzieht. Lassen Sie das Stück aushärten, und ziehen Sie abschließend das Papier/die Folie ab.

Zusammenfügen von Schokoladestücken:

Damit eine gute Haftung erreicht wird, sollten Sie einige Regeln beachten:

- An der Stelle, wo zwei Stücke zusammengefügt werden sollen, muss zuerst die Oberfläche aufgeraut werden (am besten mit einem Messer aufkratzen). Fügen Sie also niemals zwei glänzende Oberflächen zusammen. Eventuell kann die Klebestelle auch kurz gegen eine erwärmte Platte gedrückt werden. Ein Nachteil hierbei ist, dass die geschmolzene Schokolade auf dem Zierstück sichtbar bleiben kann, was den Eindruck von Nachlässigkeit vermittelt.
- Verwenden Sie zum Zusammenfügen niemals Schokolade, die zu weit kristallisiert ist. Um das Anhaften zu beschleunigen, können Sie eventuell ein »Coolspray« verwenden. Sobald das Gas aufgesprüht wird, verdampft es und erzeugt dabei Kälte. Dieses Gas kann für Schokolade ohne Bedenken verwendet werden.
- Verwenden Sie für den Abschluss nicht mehr Schokolade als notwendig.
- Tragen Sie stets Handschuhe, wenn Sie mit Schokolade arbeiten. Nichts hinterlässt einen schlechteren Eindruck als Fingerabdrücke und Flecken auf der Schokolade.

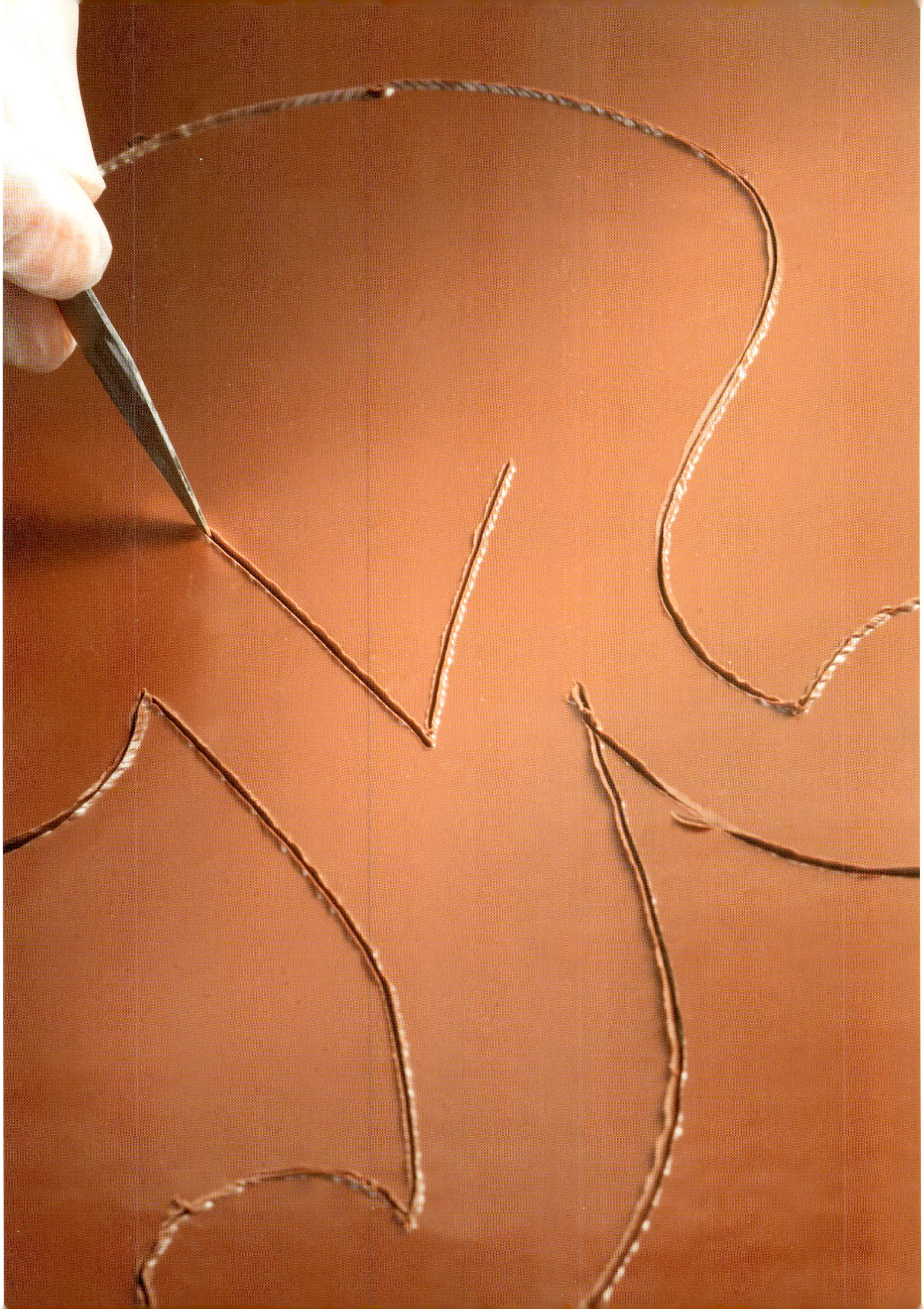

Modellierschokolade

Die Verwendung von Modellierschokolade ist nur in den Fällen notwendig, in denen reine Schokolade nicht die gewünschten Ergebnisse liefert, etwa wenn die Kleidung von Figuren nachgeahmt werden soll. Modellierschokolade kann man zwar essen, aber sie schmeckt nicht besonders gut. Für die Herstellung von Modellierschokolade gibt es unterschiedliche Rezepte. Das Resultat soll leicht knetbar, aber nach der Verarbeitung fest genug sein.

REZEPT 1 /

(einfach und schnell, diese Schokolade ist schwierig zu verarbeiten, wird dafür aber vergleichsweise hart)
1 kg Glukose
950 g Schokolade (dunkle oder weiße Schokolade oder Milchschokolade)

Vorgehen:
Verarbeiten Sie die Glukose mit der nicht temperierten Schokolade zu einer glatten Masse, die Sie vor der Verwendung einige Stunden ruhen lassen. Schneiden Sie kleine Stücke von der ausgehärteten Modellierschokolade ab, und kneten Sie die Schokolade, bis Sie gut modelliert werden kann. Wenn Sie die Modellierschokolade zu einer dünnen Fläche ausrollen müssen, können Sie bei dunkler Modellierschokolade Kakaopulver verwenden, um ein Ankleben zu vermeiden. Bei weißer Schokolade oder Milchschokolade ist Puderzucker das geeignete Hilfsmittel. Eventuell kann die Schokolade auch zwischen zwei Rechtecken Plastikfolie ausgerollt werden. Stellen Sie die Schokolade ganz kurz in die Mikrowelle, wenn sie zu hart ist.

REZEPT 2 /

1 kg Schokolade (dunkle Schokolade oder Milchschokolade)
300 g Glukose
150 bis 200 g Sirup mit 30° Baumé
Eventuell etwas Öl (ca. 25 g)

Bei weißer Modellierschokolade geben Sie ungefähr 100 bis 150 g Kakaobutter zu.
Vermischen Sie erst die Glukose mit dem Zuckersirup, dann alles mit der Schokolade.
Lassen Sie die Masse über Nacht gut auskristallisieren. Schneiden Sie zum Verarbeiten kleine Stücke ab, die Sie so lange kneten, bis sie sich leicht verarbeiten lassen. Geben Sie etwas Zuckersirup hinzu, wenn die Masse zu fest ist.

REZEPT 3 /

(weiße oder gefärbte Modellierschokolade)
1 kg weiße oder gefärbte Schokolade
300 g Glukose
100 g geschmolzene Kakaobutter
200 g Sirup mit 30° Baumé

Gehen Sie genauso vor wie bei Rezept 2, aber fügen Sie nach dem Mischen von Glukose, Zuckersirup und Schokolade noch die geschmolzene Kakaobutter hinzu.

REZEPT 4 /

1100 g dunkle Schokolade
5 Blatt Gelatine
100 g Wasser
400 g Glukose

Die Gelatine muss eingeweicht und aufgelöst werden. Dann geben Sie die Glukose dazu und rühren alles unter die Schokolade. Decken Sie die Masse mit Folie ab, und stellen Sie sie kühl.

REZEPT 5 /

(weiße oder gefärbte Modellierschokolade)
75 g Kakaobutter
25 g weiße Schokolade
100 g Puderzucker
100 g Glukose

Vermischen Sie die Kakaobutter mit der Schokolade und dem Puderzucker und anschließend mit der Glukose und eventuell mit Farbstoff. Lassen Sie die Masse aushärten.

Beachten Sie bitte: Damit die Schokolade nicht austrocknet, muss sie sofort in Plastikfolie verpackt werden. Schneiden Sie zum Verarbeiten kleine Stücke vom Teig, die Sie so lange kneten, bis sich die Schokolade gut verarbeiten lässt.

Knetbare Schokolade zum Modellieren

Vorgehen:
Mahlen Sie Schokoladentropfen in kleinen Mengen im Cutter zu Pulver. Gießen Sie das grobe Pulver in eine Schüssel. Wiederholen Sie diesen Vorgang, bis die erwünschte Menge erreicht ist. Geben Sie nun einen kleinen Teil des Pulvers in den Cutter, und mahlen Sie es, bis die Schokolade in der Maschine zusammenklebt. Achten Sie darauf, dass die Schokolade nicht zu schmelzen beginnt. Die Schokolade ist jetzt für eine kurze Zeit gut knetbar. Modellieren Sie die Figur mit den Händen oder mit Hilfe eines Modellierstäbchens oder eines Messers entsprechend Ihren Vorstellungen. Lassen Sie die Schokolade anschließend aushärten.

Vorbereitung eines Schokoladenblocks für die Herstellung von Schokoladenskulpturen

Es ist sehr schwierig, einen massiven Block Schokolade selbst zu gießen. Schokolade ist ein isolierender Stoff, der Wärme sehr lange speichert. Hierdurch bildet sich in der Mitte des Blocks graue Schokolade. Dieser graue Bereich eignet sich sehr schlecht für die Herstellung von Skulpturen, da die Schokolade hier leicht bröckelt und sandig ist. Am besten nimmt man als Ausgangsmaterial sorgfältig auskristallisierte Blöcke Kuvertüre, die keinen grauen Bereich in der Mitte aufweisen. Bevor Sie diese Blöcke aneinander kleben, muss deren Glanz komplett entfernt werden. Eine goldene Regel lautet: Fügen Sie niemals glänzende Oberflächen zusammen, denn sie haften schlecht aneinander und lösen sich leicht. Deshalb muss die Oberfläche mit einer Stahlbürste aufgeraut werden. Wärmen Sie die Oberfläche leicht mit einem Heißluftgebläse an. Streichen Sie dann etwas temperierte Schokolade auf die Flächen, die zusammengefügt werden sollen. Drücken Sie beide Teile fest zusammen, um alle Luft aus dem Zwischenraum zu pressen. Um einen stabilen großen Block zu erhalten, müssen Sie die Kuvertürestücke im Verband zusammenfügen. Lassen Sie das Ganze gut aushärten, bevor Sie mit der Arbeit an der Skulptur beginnen.

Aus Gelatine hergestellte Formen

Formen aus Gelatine haben einige Nachteile:

- Gelatine ist ein ausgesprochener Bakterienträger. Die Formen können darum nur kurze Zeit verwendet werden. Deshalb sollte man diese Methode nur für besondere Dekorationen wählen, zum Beispiel bei Wettbewerben, wo die Schokolade nicht gegessen wird.
- In einem solchen Fall können Sie die Formen auch mehrmals verwenden. Die Schokolade darf aber nicht mehr erneut zum Verzehr geschmolzen werden.
- Durch den Feuchtigkeitsgehalt, den die Gelatineform aufgrund ihrer Konsistenz in sich birgt, wird die Schokolade grau, und es entsteht Zuckerreife. Die aus der Form gelösten Schokoladenfiguren müssen stets mit einem Airbrush und Schokolade oder gefärbter Kakaobutter nachbehandelt werden.

Vorgehen:
Verwenden Sie eine Schüssel, ein Schälchen oder eine Kuchenform, die genügend Platz für das Stück bietet, das gegossen werden soll. Achten Sie darauf, dass der Abstand zwischen der zu gießenden Form und dem Rand des Behälters mindestens einen Zentimeter beträgt.
Leichte Stücke kleben Sie am besten erst auf dem Boden des Behälters fest, damit sie nicht verrutschen.
Wenn Sie eine Form ohne Boden gießen wollen - wie beispielsweise eine Kugel - müssen Sie erst einen Zentimeter Gelatine in den Behälter gießen, die Sie dann in der Kühlung fest werden lassen. Anschließend setzen Sie die Form auf den Gelatineboden und füllen den Behälter mit Gelatine, bis die zu kopierende Form mindestens einen Zentimeter stark mit Gelatine bedeckt ist. Lassen Sie das Ganze im Kühlschrank fest werden.
Lösen Sie dann den kopierten Gegenstand vorsichtig aus der Gelatine. Sollte er komplett mit Gelatine überzogen sein, müssen Sie die Gelatine mit einem Messer behutsam in zwei Teile scheiden.

REZEPT 1 /

500 g Gelatineblätter
750 g Wasser
600 g Zucker
150 g Glukose

Weichen Sie die Gelatine zuerst in kaltem Wasser ein.
Lassen Sie die Gelatine nach dem Herausnehmen abtropfen.
Bringen Sie das Wasser, den Zucker und die Glukose zum Kochen, und gießen Sie diese Zutaten nacheinander zu der Gelatine.
Rühren Sie alles zu einer homogenen Masse, und entfernen Sie allen Schaum mit einem Schaumlöffel.

REZEPT 2 /

300 g Wasser
300 g Zucker
100 g gemahlene Gelatine

Bringen Sie Wasser und Zucker zum Kochen. Nehmen Sie den Topf vom Herd, und rühren Sie die gemahlene Gelatine unter.

Schokolade in eine Gelatineform gießen:
Achten Sie darauf, dass die Schokolade dünnflüssig ist. Verdünnen Sie sie gegebenenfalls mit Kakaobutter.
Schütteln Sie die Form nach dem Füllen ein wenig, damit alle Luftblasen entweichen. Stellen Sie die Form so schnell wie möglich in den Kühlschrank, damit die Schokolade nicht zu langsam auskühlt. Schokolade, die zu langsam auskristallisiert, bekommt einen Grauschleier und ist nicht stabil genug, um für den Aufbau von zusammengesetzten Dekorationsstücken verwendet zu werden.

Lebensmittelechtes Latex und Silikon sind für Fachleute hervorragende Materialien, um kreativ und effizient Formen zu erstellen. Mit diesen flexiblen Formen können ambitionierte Konditoren, Chocolatiers, Zuckerbäcker und Köche die anspruchsvollsten Figuren kopieren.

Latexformen

Latex ist der milchige Saft des tropischen Kautschukbaums. Vor der Verwendung wird der gewonnene Kautschuk chemisch behandelt. Er ist dünnflüssig und bleibt sehr flexibel und ist ausgesprochen gut geeignet, um komplexe Strukturen zu kopieren, die nicht konisch sind und ein starkes Relief aufweisen. Weil Latexformen sehr dünnwandig sind und eine hohe Flexibilität aufweisen, können Schokoladenabdrücke leicht und ohne Beschädigung aus den Formen gelöst werden.

Latex kann problemlos im Handel besorgt werden. Er wird mit einem Pinsel auf die Figur gestrichen. Lassen Sie diese erste Schicht einige Stunden fest werden, bevor Sie eine zweite Schicht auftragen. Je nach Größe der Figur müssen Sie nacheinander zehn oder mehr Schichten aufbringen.

Wenn die Figur nicht zu groß ist, können Sie sie auch mehrere Male in Latex eintauchen. Die erste Schicht müssen Sie allerdings immer mit einem Pinsel auftragen. Dadurch stellen Sie sicher, dass sich keine unerwünschten Luftbläschen bilden.

Da diese Formen sehr geschmeidig und wenig stabil sind, sollten Sie eine feste Form als Stütze erstellen - zum Beispiel aus Gips. Wenn Sie darauf verzichten, ist die Gefahr groß, dass sich die Form beim Füllen mit Schokolade verformt.

Bevor Sie die Latexform mit Schokolade füllen, schneiden Sie in einen Kunststoffdeckel ein Loch, um die Form später einhängen zu können.

Silikonformen

Bei der Erstellung von Silikonformen müssen Sie zwei Komponenten (Silikon und Härter) mischen. Das Ergebnis kann von »sehr weich« bis »zäh« reichen. Michael Joy beschreibt in seinem Buch *Confectionary Art Casting* sehr ausführlich und anschaulich die unterschiedlichen Methoden (ISBN 0-9740345-0-9). Dieses Buch richtet sich ganz besonders an Konditoren, Chocolatiers und Zuckerbäcker .

Anbieter von Silikonformen sind:

- PCB - Benfeld, Frankreich: www.pcb-creation.fr
- Cardin Deko, München: www.cardindeko.com
- Sweet Art - Robert Oppeneder, München: www.sweetart.com
- Chicago School of Molding, Chicago: www.chicagomoldschool.com
- JB Prince, New York: www.jbprince.com
- Chef Rubber, Las Vegas: www.chefrubber.com

Anbieter von Silikon, mit dem selbst Formen erstellt werden können:

- www.chicagomoldschool.com
- www.chefrubber.com
- www.mctechnics.com

M.C.Technics präsentiert ein sehr umfangreiches Sortiment an Silikon- und Latexprodukten in unterschiedlichen Stärken und Härtegraden.

Mit Schokolade airbrushen

Für ein gutes Ergebnis müssen Sie:

- über zuverlässiges Material verfügen;
- die richtige Verdünnung der Sprühmasse verwenden; sie ist abhängig vom Verhältnis zwischen dem Durchmesser der Sprühdüse und dem Druck des Kompressors,
- sicherstellen, dass Sprühpistole und Sprühmasse die richtige Temperatur haben.

Material:

Der Kompressor muss mit einem konstanten Druck von mindestens 3 bis 5 Bar arbeiten. Die Verbindung zwischen Kompressor und Sprühdüse muss ausreichend lang sein. Idealerweise hat die Sprühdüse eine Öffnung von 0,8 bis 1 Millimeter Durchmesser. Der Sprühbehälter muss groß genug sein, damit auch große Stücke hergestellt werden können. Es wird eine Sprühkabine benötigt, damit der Airbrushnebel so gut wie möglich auf diesen Bereich beschränkt werden kann. Ein großer Karton eignet sich hervorragend als Sprühkabine. Eine Drehplatte sorgt dafür, dass Sie das Werkstück leicht von allen Seiten besprühen können.

Verdünnung:

Die Sprühmasse muss mit Kakaobutter verdünnt werden. Wie stark die Masse verdünnt werden muss, hängt von zwei Faktoren ab: vom Druck und vom Durchmesser der Sprühdüse. Ein zu geringer Durchmesser bei schwachem Druck erzeugt einen zu dünnen Nebel. Ein zu großer Durchmesser bei starkem Druck erzeugt Tropfen. Im Schnitt wird die Schokolade um 30 bis 50 Prozent mit Kakaobutter verdünnt. Mehr Kakaobutter ergibt eine feinere Struktur, aber auch einen schwächeren Farbeffekt. Zum Abdunkeln der Farbe können Sie etwas Kakaomasse hinzugeben. Um der Farbe einen wärmeren Ton zu geben, können Sie bei dunkler Schokolade etwas karminroten Farbstoff hinzufügen. Bei Milchschokolade kann ein Gemisch aus dunkler Schokolade und Karminrot verwendet werden. Um präzise arbeiten zu können, sollten Sie das Schokoladengemisch vor der Verwendung durch ein sehr feines Sieb passieren.

Temperatur:

Sprühdüse und Schokolade müssen eine Temperatur von ungefähr 34 °C bis 35 °C haben. Die Temperatur des Werkstücks wie auch die Umgebungstemperatur des Arbeitsplatzes sollte bei 20 °C liegen.

Technik:

Achten Sie darauf, dass die Figur, die Sie mit dem Airbrush bearbeiten wollen, eine glatte Oberfläche hat, denn mit einem Airbrush lässt sich sehr detailgenau arbeiten. Das heißt, dass alle Fehler und Unebenheiten deutlich sichtbar werden! Beim Sprühen müssen Sie zum besprühten Werkstück immer einen Abstand von 20 bis 40 Zentimetern einhalten. Wenn Sie zu dicht herangehen, können sich Tropfen bilden. Der richtige Abstand ist abhängig von folgenden Faktoren: Verdünnung der Sprühmasse, Druck des Airbrushs und Durchmesser der Sprühdüse. Sprühen Sie immer in einer fließenden Bewegung über das Objekt. Fangen Sie bereits neben der Figur an zu sprühen, gehen Sie dann vorsichtig mit der Pistole über die Figur, und setzen Sie neben der Figur ab. Bei großen Figuren beginnen Sie oben und sprühen in einer Zickzacklinie nach unten. Jeweils neben der Figur ändern Sie die Richtung von links nach rechts und umgekehrt.

Spezialeffekte:

Um einen samtartigen Effekt zu erzielen, stellen Sie das Werkstück vor dem Besprühen ungefähr zehn Minuten in den Gefrierschrank. Die Temperatur der Schokoladenmischung darf ruhig um die 38 °C liegen. Farben können gesprüht werden, indem Sie fettlösliche Lebensmittelfarbe mit Kakaobutter mischen. Im Handel ist auch gefärbte Kakaobutter erhältlich.

Diverse Techniken

»Brennende« Schokolade

Bringen Sie mit einer Palette oder einer Bürst mit roter, oranger, gelber und eventuell etwas grüner Kakaobutter auf einer Kunststofffolie »Flammen« auf. Lassen Sie alles fest werden, und bestreichen Sie die »Flammen« mit einer gleichmäßigen Schicht aus weißer Schokolade. Schneiden Sie die Figuren aus, sobald die Schokolade angezogen hat. Sie können auch eine Ausstechform verwenden. Drehen Sie das Schokoladenstück um. Hierdurch wird vermieden, dass es sich wellt.

Abstrakte Muster

Schmelzen Sie Kakaobutter in unterschiedlicher Farbe.
Tröpfeln Sie die unterschiedlichen Farben durcheinander auf eine Folie. Gehen Sie mit Druckluft auf die einzelnen Tropfen, so dass sie zerspritzen.
Lassen Sie die Schokolade fest werden. Bestreichen Sie das Ganze nun mit einer dünnen, gleichmäßigen Schokoladenschicht. Lassen Sie die Schokolade wiederum fest werden. Stechen Sie anschließend die gewünschten Figuren aus. Wenden Sie die Schokoladenstücke, sobald es möglich ist, damit sie vollständig aushärten können.

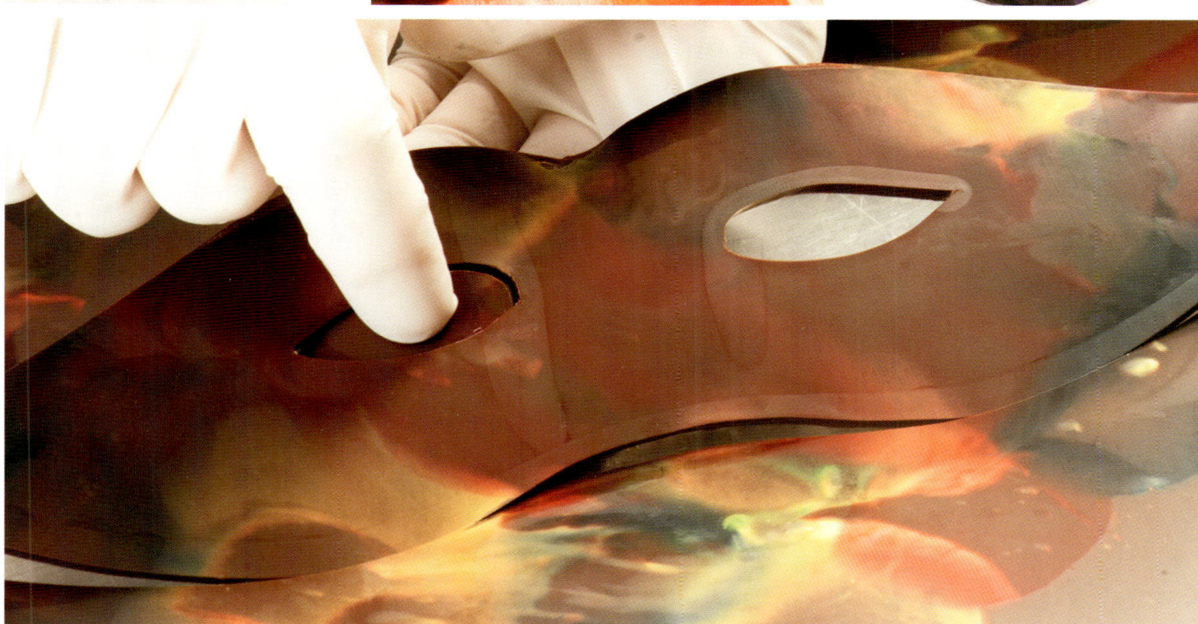

Locken, Dreiecke und zweifarbige Bänder

LOCKEN /

Streichen Sie mit einer Palette oder einer Bürste rote Grundfarbe auf Kunststofffolie aus. Sorgen Sie für eine unregelmäßige Struktur. Tragen Sie darauf mit einer Bürste Goldpulver auf. Bestreichen Sie das Ganze dann mit einer dünnen und gleichmäßigen Schokoladenschicht. Schneiden Sie, sobald die Schokolade anzieht, mit einer schnellen Bewegung parallele Wellenlinien in das Stück. Zwischen den Linien sollte ein Abstand von ungefähr fünf Zentimetern liegen. Verfahren Sie ebenso in der umgekehrten Richtung. Rollen Sie die Folie in der Diagonalen auf, beginnend in einer Ecke. Lassen Sie die Locken für eine Stunde im Kühlschrank aushärten, und entfernen Sie dann vorsichtig die Folie.

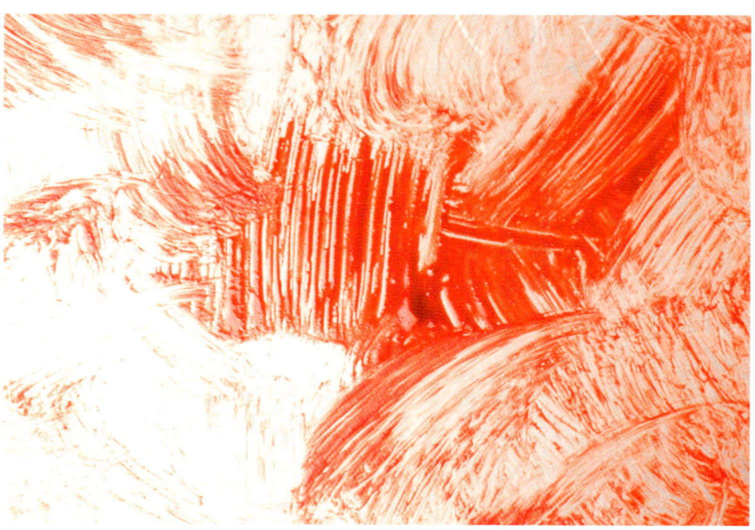

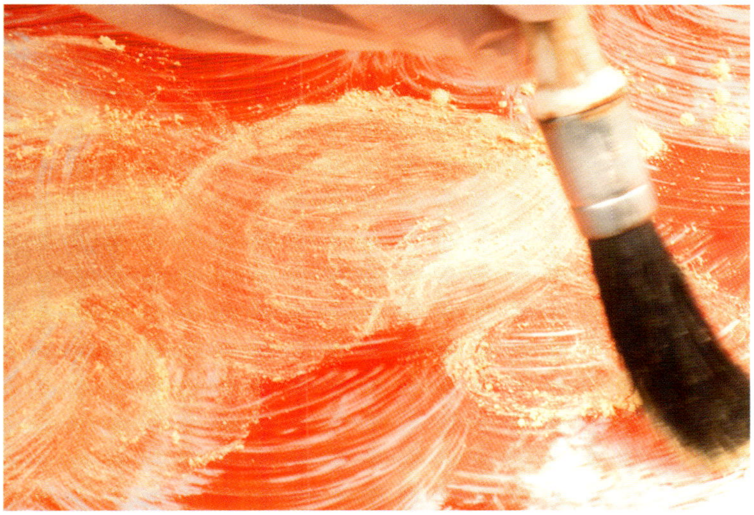

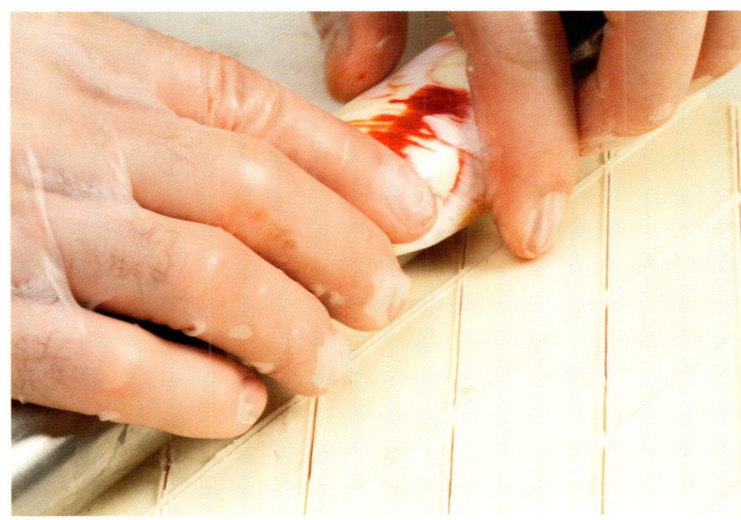

DREIECKE /

Gehen Sie vor, wie auf der gegenüberliegenden Seite beschrieben, nur dass Sie diesmal die Schokolade mit parallelen, geraden Schnitten teilen. Lassen Sie einen Abstand von ungefähr vier Zentimetern zwischen den Linien. Schneiden Sie anschließend diagonal zur ursprünglichen Richtung, lassen Sie dabei einen Abstand von ungefähr sieben Zentimetern zwischen den Linien. Wiederholen Sie diesen Vorgang in der anderen Richtung. Auf diese Art erhalten Sie Dreiecke. Rollen Sie die Folie in der Diagonalen auf. Lassen Sie alles eine Stunde lang im Kühlschrank aushärten, und entfernen sie abschließend vorsichtig die Folie.

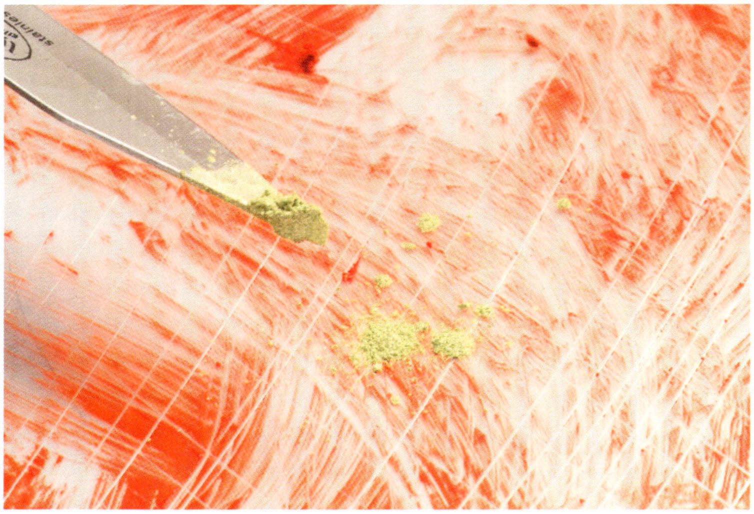

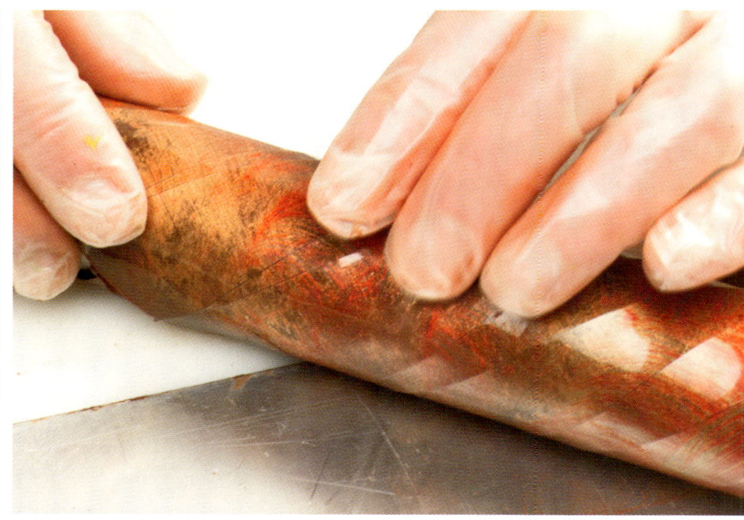

ZWEIFARBIGE BÄNDER /

Streichen Sie weiße Schokolade in einer gleichmäßigen, dünnen Schicht auf Kunststofffolie, die 4 x 20 Zentimeter groß ist. Sobald die Schokolade eindickt, ziehen Sie mit einem Dekorkamm Bahnen über die ganze Länge. Bestreichen Sie das Ganze nun mit Milchschokolade oder mit dunkler Schokolade.
Sobald die Schokolade nicht mehr an der Folie klebt, schneiden Sie die Bänder auf die gewünschte Länge. Geben Sie ihnen die gewünschte Form.
Lassen Sie alles 30 Minuten abkühlen, und entfernen Sie die Folie.

KERZE AUS SCHOKOLADE /

Materialien:
Ein Stück Kunststoffzylinder mit ungefähr zwei Zentimetern Durchmesser, Kunststofffolie, um den Kunststoffzylinder auszukleiden. Die Folie sollte etwas größer sein als der Zylinder. Gießen Sie weiße Schokolade in den Zylinder, bis die Schokolade anfängt, an der unteren Seite auszulaufen. Achten Sie darauf, dass die Schokoladenschicht rundum gleich dick ist.
Lassen Sie den Zylinder in der Kühlung aushärten.
Lösen Sie das Ganze aus der Form, indem Sie die Folie vorsichtig aus dem Zylinder ziehen.
Schneiden Sie das Schokoladenstück nun mit einem vorgewärmten Messer schräg in zwei gleich große Teile. Sie haben nun zwei Kerzen, die oben noch offen sind.
Jetzt benötigen Sie ein kleines Stück Papier. Streichen Sie weiße Schokolade dick darauf aus, und fixieren Sie es sofort auf der Oberkante der Kerze. Lassen Sie die Schokolade gut aushärten. Ziehen Sie das Papier von der Schokolade, und brechen Sie überschüssige Schokolade an den Rändern ab. Stellen Sie die Kerze nun aufrecht hin. Imitieren Sie mit weißer Schokolade ablaufendes Wachs auf der Oberfläche der Kerze (mit Hilfe eines Garniertüte). Sobald die Schokolade fest zu werden beginnt, drücken Sie ein Mandelstückchen oder eine zuvor mit dunkler Schokolade überzogene »Flamme« in die Kerzenoberfläche. Fügen Sie eventuell noch Augen, Nase und Mund hinzu. Stellen Sie die Kerze in einen Kerzenhalter. (Siehe Seite 26)

Dekorative Schälchen

Blasen Sie kleine Luftballone auf.
Geben Sie etwas weiße Schokolade in eine kleine Schüssel, und spritzen Sie auf die Oberfläche mit dunkler Schokolade feine Linien. Tauchen Sie den Ballon schnell rundum in die Schokolade. Wiederholen Sie diesen Vorgang, bis Sie alle Ballone verwendet haben. Wenn Sie die Ballone nicht zu tief in die Schokolade tauchen, können Sie sie nach dem Erhärten der Schokolade leicht herauslösen und wieder benutzen.

GESPRITZTE SCHÄLCHEN /

Legen Sie die Ballone verkehrt herum in kranzförmige Kuchenformen. Spritzen Sie auf den Boden der Form kreisförmig Schokolade. Komplett aushärten lassen. Aus der Form lösen.

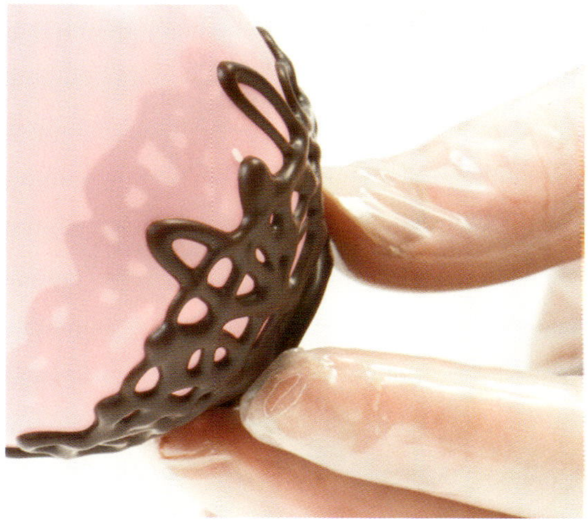

SCHÄLCHEN IN FORMEN /

Trennen Sie den Boden von kleinen Plastiktrinkflaschen ab. Bitte beachten Sie: Der Boden muss konisch und ohne starke Vertiefungen sein. Gießen Sie den Boden mit Schokolade aus, und drehen Sie das Ganze sofort um, damit die überflüssige Schokolade abfließen kann. Lassen Sie die Schokolade gut aushärten, bevor Sie das Stück aus der Form lösen.

Hauchdünne, glänzende Schokoladenblättchen

Legen Sie ein Stück Kunststofffolie auf eine glatte Fläche. Gießen Sie etwas Schokolade in die Mitte der Folie, und bedecken Sie sie sofort mit einer zweiten Folie. Rollen Sie die Schokolade dünn und gleichmäßig aus, und lassen Sie die Schokolade gut aushärten. Entfernen Sie die Folie mit einer gleichmäßigen, ruhigen Bewegung von dem Schokoladenstück, da ansonsten matte Linien auf der Oberfläche auftreten können. Brechen Sie abschließend das Schokoladenstück in ungleiche Stücke. Achten Sie darauf, dass hierbei der Glanz nicht durch Fingerabdrücke beeinträchtigt wird.

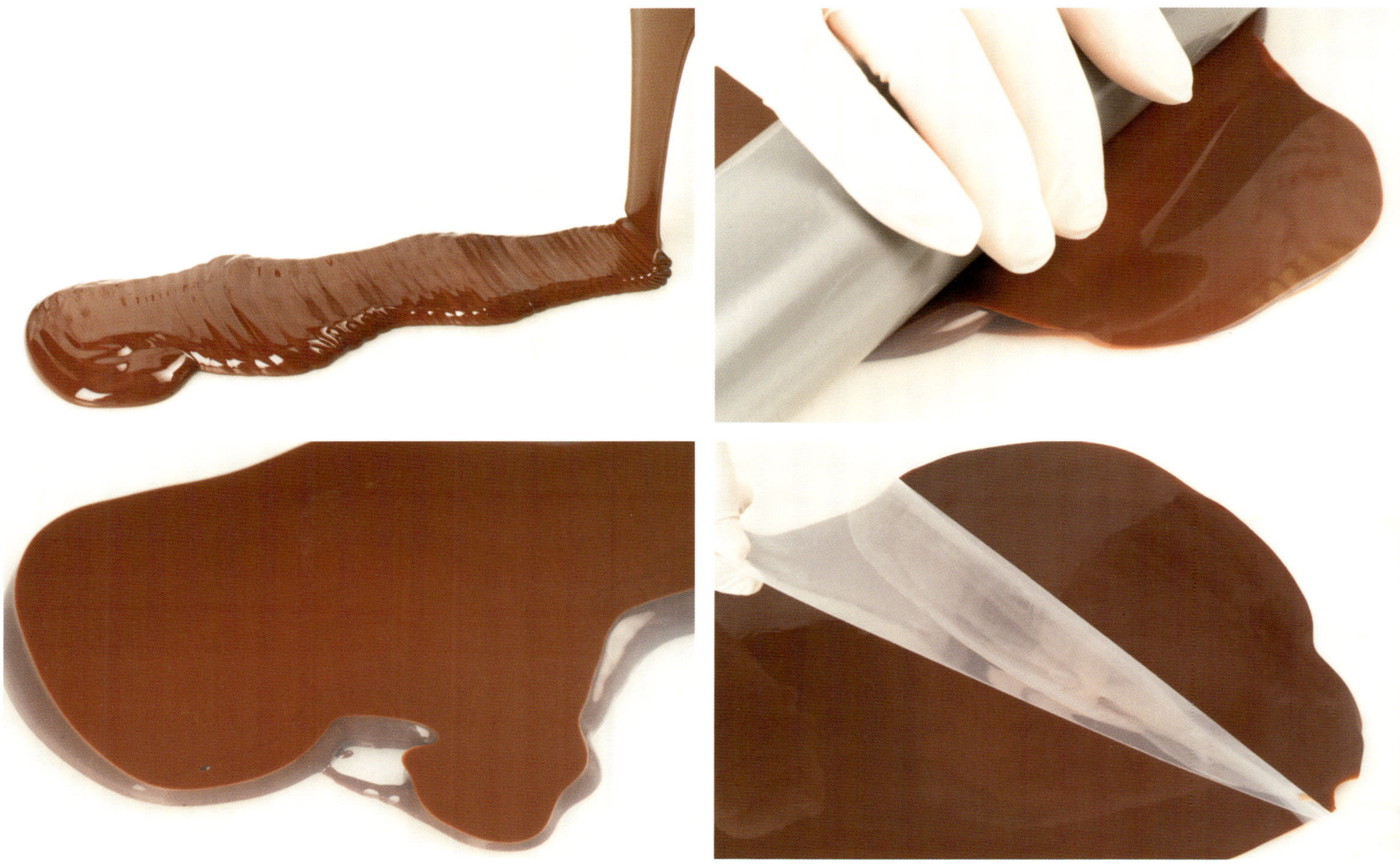

Variante:
Schneiden Sie die gewünschten Motive mit einem angewärmten Messer aus, oder stechen Sie sie mit einer vorgewärmten Ausstechform aus.

Schokoladenschleifen

Um Schleifen schnell und effizient anzufertigen, benötigen Sie einen Dekorkamm. Stellen Sie diesen auf die Größe der Bänder ein, die Sie herstellen möchten. Schneiden Sie die überflüssigen Zinken des Dekorkamms gegebenenfalls ab.
Schneiden Sie ein Stück Kunststofffolie zu (auf ungefähr dreißig mal neun Zentimeter), die Sie auf eine saubere und glatte Fläche legen. Tragen Sie eine dünne und gleichmäßige Schicht Schokolade auf. Ziehen Sie den Dekorkamm durch die noch flüssige Schokolade, sodass der Eindruck entsteht, als sei die Schokolade durchgeschnitten. Lassen Sie die Schokolade anziehen, und legen Sie die Folie der Länge nach zu einer großen Schlaufe. Drücken Sie das Stück ganz kurz gegen die Arbeitsplatte, sodass die Schlaufe auf einer Seite flacher zuläuft. Lassen Sie das Stück aushärten, und entfernen Sie die Folie. Die Schleife anfertigen: Spritzen Sie einen Tropfen Schokolade auf ein Stück Kunststofffolie, und fügen Sie vorsichtig fünf Schlaufen mit ihren flachen Seiten aneinander. Lassen Sie die Verbindung fest werden, bevor Sie die nächste Schlaufe fixieren. Um den Arbeitsvorgang zu beschleunigen, können Sie hierfür ein sogenanntes »Kältespray« verwenden.

Variante:

SCHOKOLADENFÄCHER AUS SCHLAUFEN /

Gehen Sie ebenso vor wie beim Anfertigen der Schleife. Beachten Sie: Der Fächer wird nur schön, wenn alle Schlaufen dieselbe Form haben. Legen Sie zwei Schlaufen auf den Tisch, sodass sich die beiden flachen Kopfseiten berühren, und verbinden Sie die beiden Schlaufen mit etwas Schokolade. Fügen Sie auf jeder Seite wiederum je eine Schlaufe hinzu, und wiederholen den Vorgang, bis der Fächer fertig ist.

Spiralen - Wellen - Kreise

Vorgehen:
Schneiden Sie ungefähr 50 Zentimeter lange Streifen aus Tortenrandfolie. Tragen Sie eine dünne Schicht Schokolade auf, lassen Sie dabei die Enden unbedeckt, um sie später anfassen zu können. Ziehen Sie sofort einen Dekorkamm darüber, um schmale Streifen zu erzeugen. Legen Sie auf das eine Ende ein Gewicht, um das Band festzuhalten. Sobald die Schokolade anzieht, wird das Band spiralförmig eingerollt. Danach wird auch das andere Ende mit einem Gewicht fixiert. Lassen Sie das Band im Kühlschrank aushärten, bevor Sie die Folie entfernen. Nehmen Sie abschließend die Spiralen vorsichtig auseinander.

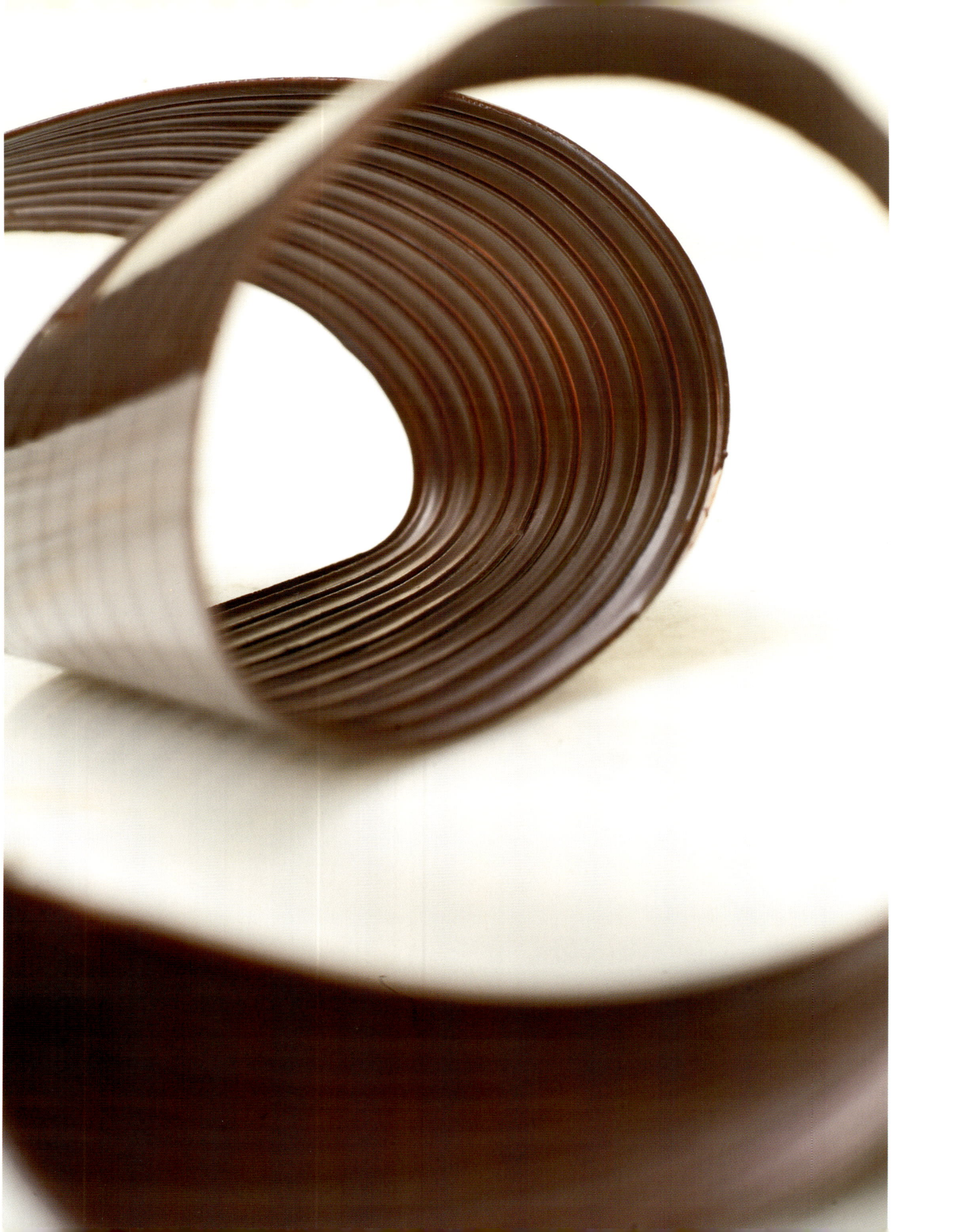

Variante:

MEHRFACHSPIRALEN ANEINANDER /

Schneiden Sie 50 Zentimeter lange Streifen aus Tortenrandfolie.
Tragen Sie eine dünne Schicht Schokolade auf. Ziehen Sie sofort einen Dekorkamm darüber, um schmale Streifen zu erzeugen. Schneiden Sie das Schokoladenband an beiden Seiten schräg ab. Entfernen Sie mit einem Spachtel die überflüssige Schokolade. Spritzen Sie mit einer Garniertüte in regelmäßigen Abständen dünne Fäden aus Schokolade quer über die Streifen. Sie können auch an beiden Enden eine Verbindung aus Schokolade herstellen. Setzen Sie den Vorgang wie vorher beschrieben fort.

Kleine Schlaufen als Tortendekoration

Verfahren Sie wie auf den vorangehenden Seiten beschrieben, verwenden Sie aber einen Dekorkamm mit einem sehr kleinen Abstand zwischen den Zähnen.

FEDER /

Schneiden Sie Kunststofffolie auf die gewünschte Größe zu. Tragen sie gleichmäßig eine dünne Schicht Schokolade auf. Ziehen Sie nun einen Dekorkamm mit sehr geringem Abstand zwischen den Zähnen durch die noch flüssige Schokolade, sodass der Eindruck entsteht, als würde die Schokolade durchgeschnitten. Spritzen Sie an einem Ende einen Schokoladenfaden auf und rollen Sie die Folie zu einem Zylinder, wobei die beiden Kanten an dem Schokoladenfaden fixiert werden. Lassen sie das Stück aushärten, und lösen Sie es anschließend vorsichtig aus der Form.

Variante zur Feder
Gehen Sie wie eben beschrieben vor, aber spritzen Sie den Schokoladenfaden in die Mitte der Schokoladenbänder. Fixieren Sie das Band nach dem Aufrollen nicht, sondern lassen Sie es geöffnet.

FEDER 2 /
Um eine Feder mit identisch großen Rundungen herzustellen, wickeln Sie das Folienband um eine Teigrolle und warten, bis die Schokolade ausgehärtet ist.

GROSSE, ELEGANTE SPIRALEN FÜR AUSSTELLUNGSSTÜCKE /
Schneiden Sie aus einem Stück glänzender Folie ein längliches Dreieck mit einer Grundlinie von ungefähr drei Zentimetern Breite und dreißig Zentimetern Länge. Kleben Sie die Folie auf die befeuchtete Arbeitsfläche, und streichen Sie mit einem Pinsel farbige Kakaobutter darauf. Tragen Sie dann eine dünne, gleichmäßige Schicht dunkle Schokolade auf. Rollen Sie den Streifen zu einer Spirale und legen Sie das Stück auf eine Styroporplatte. Fixieren Sie alles mit einigen Zahnstochern.

GROẞE KREISFÖRMIGE BÖGEN /

Streichen Sie Schokolade auf Tortenrandfolie. Ziehen Sie mit einem feinen Dekorkamm dünne Streifen ein. Lassen Sie die Schokolade fest werden, bevor Sie die Schokoladenlinien nach Maß zuschneiden. Legen Sie die Tortenrandfolie in eine runde Kuchenform, und lassen Sie es im Kühlschrank aushärten.

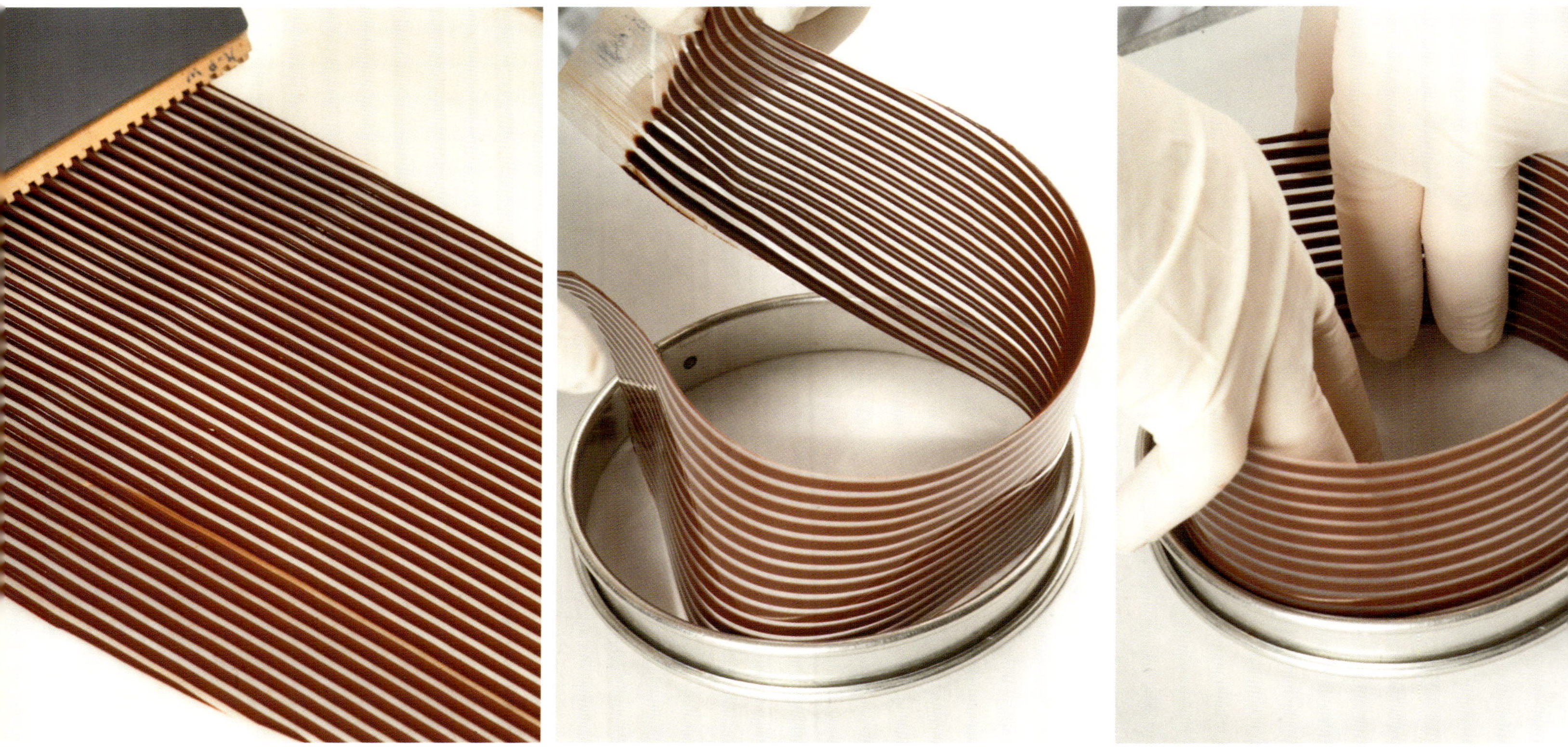

WELLEN /

Fixieren Sie ein Stück Kunststoffolie auf einer Marmor-Oberfläche. Tragen Sie Schokolade auf, und ziehen Sie mit einem Kamm sofort wellenförmige Streifen. Lassen Sie das Stück fest werden, und drehen Sie es um, sobald es möglich ist, damit ein Verformen der Schokolade verhindert wird.

KORALLEN /

1. Mit einer Farbrolle:
Rollen Sie mit einer Farbrolle vorkristallisierte Schokolade auf einem Stück fettfreiem Papier oder auf Kunststofffolie aus. Achten Sie darauf, dass eine luftige Struktur entsteht. Spritzen Sie mit einer Garniertüte feine Verästelungen auf diese Fläche. Lassen Sie das Stück aushärten, lösen Sie es vom Untergrund, und brechen Sie vorsichtig die feinen Korallenstrukturen heraus.

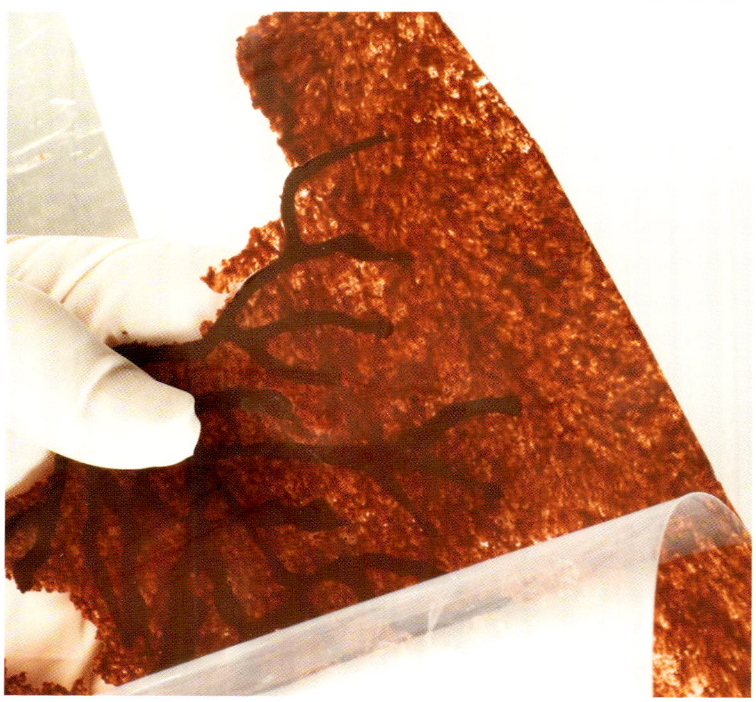

2. Mit Trockeneis

Verwenden Sie Trockeneis-Granulat, oder zerkleinern Sie größere Stücke Trockeneis in einer Schüssel. Verteilen Sie das Trockeneis auf einer Platte. Spritzen Sie vorkristallisierte Schokolade unregelmäßig in alle Richtungen auf das Trockeneis. Nehmen Sie die Schokolade sofort vom Eis. Es macht nichts, wenn dabei einige Stückchen am Eis kleben bleiben. Der Vorteil bei dieser Methode liegt darin, dass Sie auf diese Weise sehr schnell Verzierungen aus Schokolade herstellen können. Legen Sie die Verzierungen kurz in den Kühlschrank.

3. Variante:

Färben Sie zuerst das Trockeneis mit Lebensmittelfarbe. Dann verteilen Sie es auf einer Platte, und gießen die Schokolade darüber. Nehmen sie die Schokolade vom Eis, sobald sie fest geworden ist. Sie können sofort neue Korallen gießen.

4. Mit Eiswürfeln:

Geben Sie Eiswürfel in ein rundes, zylinderförmiges Gefäß. Sie können zum Beispiel eine Kuchenform verwenden, die auf einem Rost steht.

Übergießen Sie die Eiswürfel mit vorkristallisierter Schokolade. Wenn die Schokolade zu dickflüssig ist, kann sie mit Kakaobutter verflüssigt werden.

Die Schokolade wird relativ schnell fest. Versuchen Sie, wenn möglich, die nicht bedeckten Eisstückchen wegzunehmen. Wenn das nicht möglich ist, müssen Sie die Schokolade trocknen lassen, nachdem das Eis weggeschmolzen ist. Bearbeiten Sie die Schokolade abschließend mit gefärbter Kakaobutter.

Für Korallen können Sie zuerst mit grünem Farbstoff ein unregelmäßiges Farbmuster erstellen. Tragen Sie danach einige Tupfen Orange und abschließend etwas Rot auf.

Mit Schablonen

Im Fachhandel erhalten Sie dicke, vorgeschnittene Silikonmatten. (Adressen siehe Seite 116)

Einige Firmen bieten auch neutrale Matten in verschiedenen Stärken an, die Sie selbst zurechtschneiden können.

Legen Sie die Schablone auf Silpat, Kunststofffolie oder auf festes Packpapier. Gießen Sie das Motiv mit Schokolade aus, und lassen Sie alles aushärten.

Bitte beachten Sie: Eine dicke Schicht Schokolade, die aufgrund einer zu warmen Umgebung zu langsam aushärtet, wird graue Stellen bekommen und beim Aufbau großer Stücke weniger tragfähig sein. Als Faustregel gilt: Je dicker die Schokoladenschicht, um so schneller muss sie abgekühlt werden.

Mit länglichen Luftballonen

Füllen Sie den Luftballon mit Schokolade. Verknoten Sie die Enden und spannen Sie den Luftballon über eine runde Kuchenform. Lassen Sie das Stück gut aushärten, bevor Sie es aus der Form lösen. Sie erhalten auf diese Weise sehr schöne und gleichmäßige Bögen mit abgerundeten Seiten.

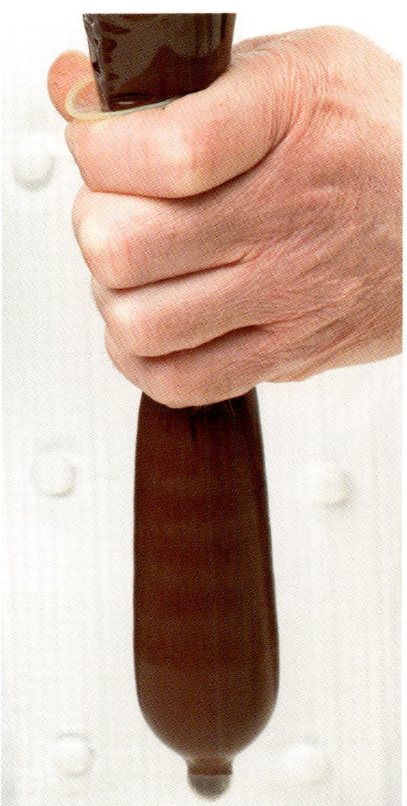

Große Wellen für Verzierungen

Verwenden Sie einen flexiblen Schlauch aus weichem Kunststoff. Nicht alle Arten von Schläuchen sind hierfür geeignet. Wasserschläuche sind häufig zu dick oder mit Nylon verstärkt. In Heimwerkermärkten erhalten Sie in der Regel das richtige Material.
Zeichnen Sie Wellen auf eine Holzplatte. Schneiden Sie von dem Schlauch ein Stück ab, das etwas länger ist als notwendig.
Füllen Sie den Schlauch mit Schokolade. Drücken sie den Spritzbeutel dabei kräftig gegen das Ende des Schlauchs. Kleben Sie eventuell beide Seiten zu. Legen sie den Schlauch in der gewünschten Form auf die Zeichnung, und fixieren Sie die Lage mit Gewichten oder mit Nägeln. Lassen Sie die Schokolade ausreichend lang aushärten, bevor Sie das Stück aus der Form holen. Achtung: Durch ein zu langsames Abkühlen kann die Schokolade grau-weiße Stellen bekommen, wodurch sie weniger stabil ist.

Das Stück aus der Form holen:
Schneiden Sie den Schlauch mit einem Seitenschneider sehr vorsichtig der Länge nach auf. Ein Trick besteht darin, den Schlauch am Anfang auf ganzer Länge aufzuschneiden, ihn dann mit Klebeband zuzukleben und erst dann mit Schokolade zu füllen.

Variante 1
Schneiden Sie aus einem dicken Stück Silikon die gewünschte Form, die Sie auf Silpat oder auf Kunststofffolie legen. Gießen Sie das Motiv mit Schokolade aus, und streichen Sie die Oberfläche glatt.
Silikon ist vergleichsweise teuer. Darum ist diese Methode auch nur dann interessant, wenn die Schablone mehrere Male verwendet wird. Eine günstigere Lösung besteht darin, flexible Silikonbänder zu verwenden, die Sie aus sehr weichem Silikon auch leicht selbst herstellen können. Fertige Silikonbänder sind im Handel erhältlich (Siehe Seite 116).

Variante 2
Befestigen Sie Kunststofffolie auf einer Marmorplatte, und geben Sie auf die linke Seite der Folie etwas Schokolade zum Verarbeiten.
Erstellen Sie nun eine U-förmige Schablone, und streichen Sie von der bereitgestellten Schokolade eine dicke Schicht auf die Folie. An besten ist Schokolade geeignet, die wenig Kakaobutter enthält.
Ziehen Sie dann mit der Schablone von links nach rechts einen Bogen aus der aufgestrichenen Schokolade. Bewegen Sie die beiden Enden der Schablone, so dass die Form zunächst breiter und dann schmaler wird und schließlich auf einen Punkt zuläuft.

VÖGELCHEN /

Für Kopf und Körper benötigen Sie jeweils zwei gleiche Halbkugeln in verschiedenen Größen. Spritzen Sie als Augen einen Tropfen dunkle Schokolade in die Mitte jeder der Halbkugeln, und lassen Sie die Schokolade leicht fest werden. Dann bringen Sie mit Milchschokolade oben auf den Tropfen dunkle Schokolade einen weiteren Tropfen auf. Achten Sie darauf, dass die Milchschokolade einen gleichmäßigen Rand um den Tropfen bildet. Nach dem Festwerden kann die Form mit weißer Schokolade ausgegossen werden. Der Körper wird einfach aus weißer Schokolade gegossen.

Falten Sie nun ein Blatt fettfreies Papier zu einer kleinen Ziehharmonika. Spritzen Sie den Schnabel in die Falten. Hierzu wird jedes Mal ein Tropfen dunkle Schokolade aufgesetzt, der spitz zulaufend ausgezogen wird. Anschließend Spritzen Sie die Füßchen mit dunkler Schokolade. Für Schwanz und Flügel muss je eine Garniertüte mit weißer und eine mit Milchschokolade gefüllt werden. Spritzen Sie einen punktförmig zulaufenden Tropfen weiße Schokolade und darauf sofort einen Tropfen Milchschokolade. Ziehen Sie mit der Spitze der Garniertüte die Schwanzfedern aus den beiden Tropfen. Gehen Sie bei den Flügeln genauso vor. Spritzen Sie hierzu anstelle eines Tropfens ein Komma. Erstellen Sie einen linken und einen rechten Flügel.

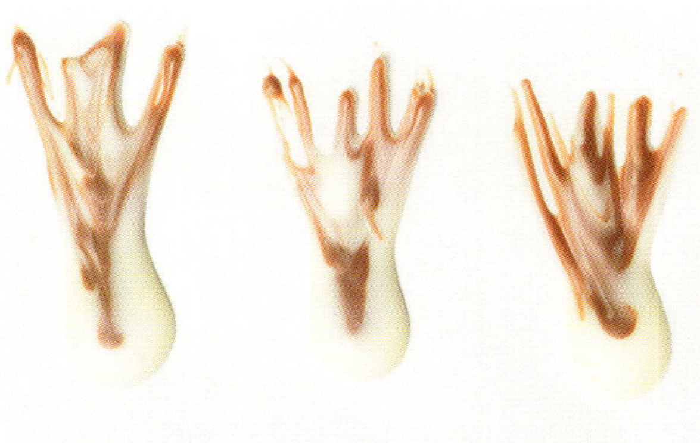

Zusammenfügen:

Kleben Sie die Kopfhälften und die Rumpfhälften aneinander.
Spritzen Sie auf die Füßchen einen Tropfen Schokolade, und setzen Sie den Rumpf darauf. Das Fixieren lässt sich mit einem Kühlspray beschleunigen, wodurch auch unerwünschte Fingerabdrücke vermieden werden. Tragen Sie auf alle Fälle Handschuhe. Spritzen Sie am Kopf einen Tropfen auf, um den Schnabel anzusetzen. Spritzen Sie auf den Rumpf einen Tropfen weiße Schokolade, um den Kopf zu fixieren. Bringen Sie zum Schluss mit Hilfe je eines Tropfens Schokolade Schwanz und Flügel an. Spritzen Sie den Kamm auf dem Kopf mit Milchschokolade.

In Formen:
Zerkleinern Sie jeweils getrennt verschiedenfarbige Schokoladentropfen im Cutter. Mischen Sie die Farben im Cutter kurz zusammen. Drücken Sie diese Mischung in eine Form Ihrer Wahl. Geben Sie eventuell etwas geschmolzene Kakaobutter unter die Schokoladenstückchen, um die Haftfähigkeit zu verbessern. Drücken Sie diese Mischung dann schnell in die Form, bevor die Kakaobutter fest wird. Nehmen Sie das Stück erst nach dem Aushärten aus der Form. Polieren Sie abschließend die Oberfläche mit einer feinen Bürste.
Variante:
Spritzen oder streichen Sie vor dem Polieren etwas farbige Kakaobutter auf die Oberfläche.

Als flaches Stück zum Ausschneiden:
Vermischen Sie die Schokoladenstückchen mit etwas gefärbter Kakaobutter, und rollen Sie sie zwischen zwei Stücken Kunststoffolie aus. Nach einem leichten Auskristallisieren können Sie mit Hilfe einer Schablone die gewünschte Form ausschneiden.

STEINE /

Zerkleinern Sie weiße Schokoladentropfen im Cutter. Teilen Sie die Stückchen auf drei Schüsseln auf. Dem ersten Schüsselchen geben Sie flüssigen goldfarbenen Farbstoff zu. Dem zweiten flüssigen grünen Farbstoff. Das dritte Teil bleibt ungefärbt. Vermischen Sie alles zu einem Teig. Teilen Sie den Teig in kleine Einheiten, und formen Sie daraus unregelmäßige Steine. Polieren Sie die Steine mit einem Tuch oder mit einer feinen Bürste.

Korallen	*1. Mit einer Farbrolle, Seite 142*
	2. Mit Trockeneis, Seite 143
	3. Variante, Seite 143
	4. Mit Eiswürfeln, Seite 143
Wellen	*Seite 140*
Steine	*Seite 153*

MARMOR /

Gießen Sie weiße Schokolade in eine Form, und geben Sie etwas dunkle Schokolade und eventuell auch etwas Milchschokolade darüber. Ziehen Sie einen Spachtel mit wenigen, drehenden Bewegungen durch die Masse, sodass sich Linien bilden.
Gießen Sie diese Mischung strahlenförmig in eine Form oder auf ein Stück Kunststofffolie, um eine Figur ausschneiden zu können.

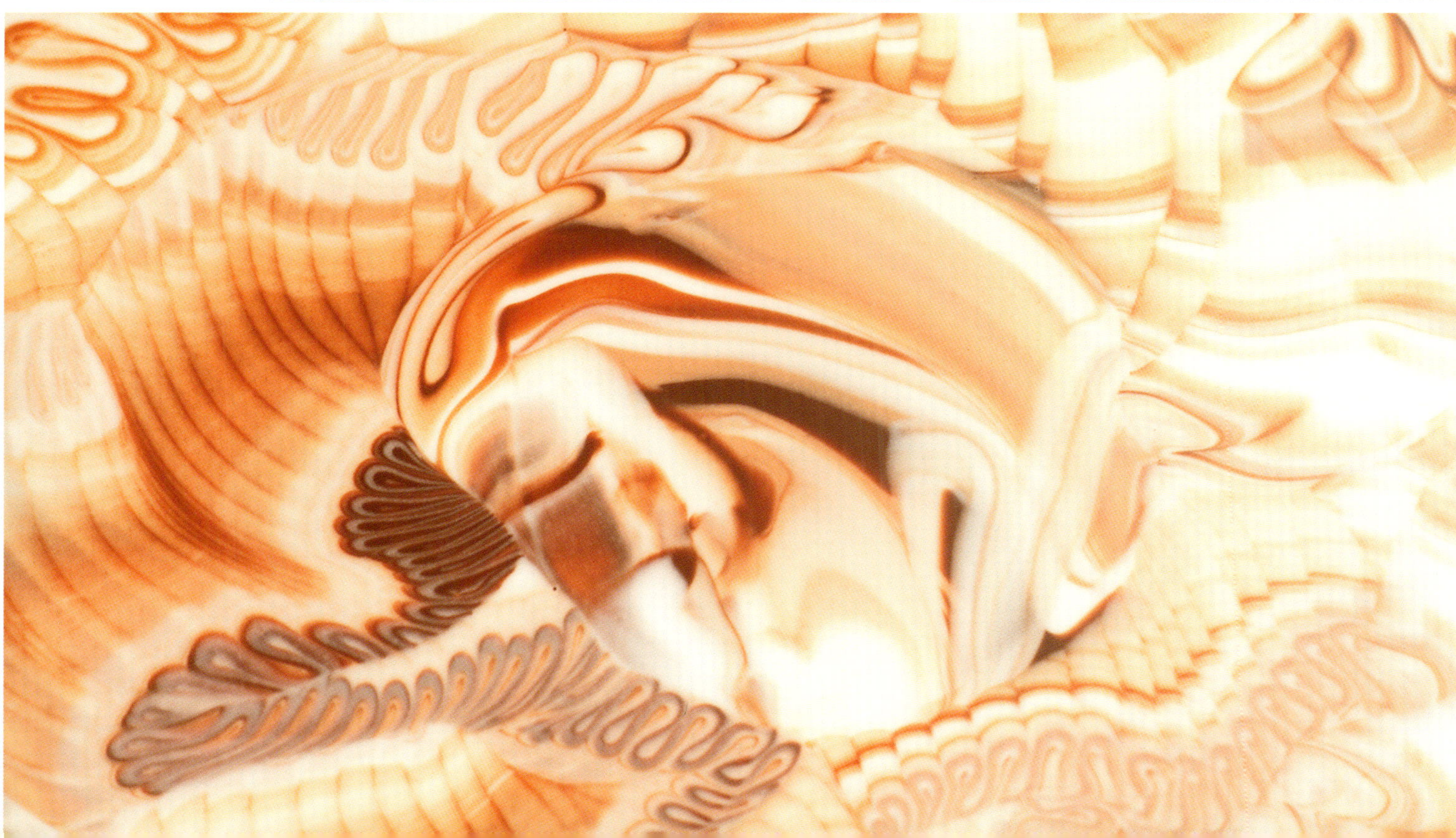

Zur Nachbearbeitung

1) Streichen Sie mit einem Pinsel temperierte Milchschokolade ungefähr 1 bis 2 Millimeter dick in eine Form. Färben Sie temperierte dunkle Schokolade rot, damit sie einen warmen Farbton bekommt, und tragen Sie diese auf die ausgekühlte Milchschokolade auf. Lassen sie das Stück ausreichend lang aushärten, bevor Sie erneut eine Lage dunkle Schokolade auftragen. Wiederholen Sie den Vorgang einige Male. Achten Sie darauf, dass die vorherige Schicht immer ausreichend fest ist.

Um einen Grauschleier und eine hohe Brüchigkeit der Schokolade zu verhindern, müssen Sie die Form, sobald sie die gewünschte Stärke erreicht hat, so schnell wie möglich abkühlen.

Lassen Sie die Schokolade vor dem Schneiden oder einer anderen Bearbeitung etwas weich werden, indem Sie das Schokoladenstück nach dem Kühlen wieder auf Zimmertemperatur bringen.

Nach dem Schneiden kann das »Holz« eventuell noch aufgewertet werden, indem es vorsichtig mit einem weichen Wolltuch poliert wird.

2) Gießen Sie weiße Schokolade in eine Form und darauf etwas dunkle Schokolade und wiederum etwas Milchschokolade. Ziehen Sie einen Spachtel mit wenigen, drehenden Bewegungen durch die Masse, sodass sich Linien bilden.

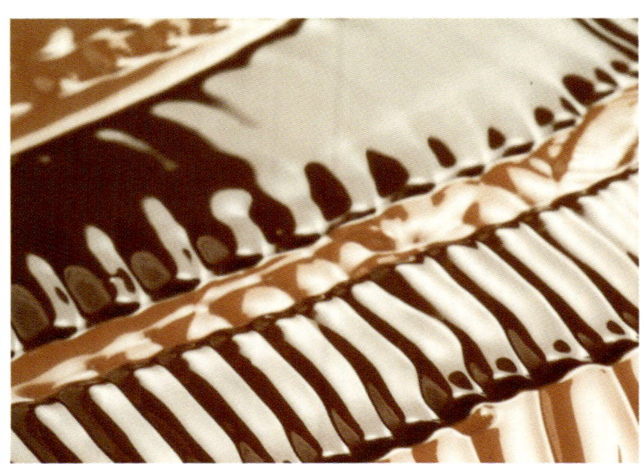

Felsen, Moos oder Sandboden

Zerkleinern Sie im Cutter Schokoladentropfen zu feinen Körnchen.
Bedecken Sie ein Silpat mit einem Stück Kunststofffolie. Schütten Sie die Schokoladenkörnchen darauf, und streichen Sie diese mit dem Spachtel fest, bis die gewünschten Stärke erreicht ist. Mischen Sie eventuell etwas geschmolzene Kakaobutter darunter, um die Haftkraft der Körnchen zu verbessern. Lassen Sie alles vor dem Entfernen der Folie aushärten. Tragen Sie nun eine dünne Schicht Schokolade mit der gleichen Farbe auf der Rückseite auf, um das Ganze zu verstärken und zu fixieren. Geben Sie es wiederum zum Aushärten in die Kühlung, und schneiden Sie das Stück dann in die gewünschte Form, oder brechen Sie es in unregelmäßige Stücke.

Variante 1:
Zerkleinern Sie im Cutter Schokoladen zu groben Körnchen.
Gießen Sie etwas geschmolzene gefärbte Kakaobutter auf die Körnchen. Vermischen Sie alles gut mit einem Spachtel.
Verfahren Sie anschließend wie oben beschrieben.

Variante 2:
Verfahren Sie wie oben, aber tragen Sie nach dem Aushärten gefärbte Kakaobutter auf der Oberfläche auf. Reiben Sie mit einem Pinsel oder mit der Hand die Oberfläche glatt. Die Farbe sammelt sich an den Rändern der Körnchen. Die Oberfläche erinnert dann im Aussehen an kleine Steinchen.

Variante 3:
Zerkleinern Sie im Cutter Schokolade zu groben Körnchen.
Geben Sie dunkle Schokoladeperlen hinzu (zum Beispiel: PCB M8)
Das Zusammenhaften kann mit etwas geschmolzener Kakaobutter verstärkt werden.
Verarbeiten Sie diesen Grundstoff dann nach Belieben.

MOOS /

Zerkleinern Sie weiße Schokolade im Cutter. Geben Sie grün gefärbte Kakaobutter hinzu. Zerkleinern Sie das Ganze weiter, bis eine knetbare Masse entsteht. (Siehe auch Seite 108)
Drücken Sie mit einem Spachtel die weiche grüne Masse durch ein Sieb.
Schneiden Sie auf der Rückseite des Siebs das »Moos« mit einer Palette in der gewünschten Länge ab.

ANTIKES GOLDDEKOR /

Zerkleinern Sie Schokoladen im Cutter zu einer knetbaren Masse. Legen Sie ein Stück Blattgold in eine flache, saubere Form. Es ist sehr wichtig, dass die Form sorgfältig gereinigt ist, andernfalls wird nicht alles Blattgold an der Figur haften bleiben. Drücken Sie nun die knetbare Schokolade in die Form. Hierdurch bekommt das Blattgold kleine Risse. Lassen Sie alles gut aushärten, bevor Sie die Schokolade aus der Form nehmen.

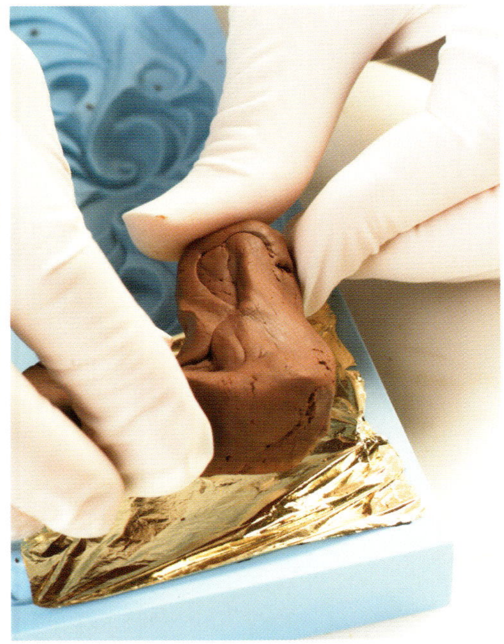

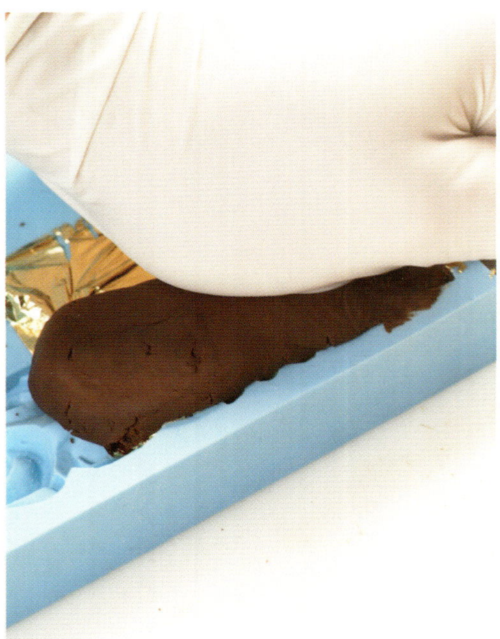

GERILLTE ROLLEN UND LOCKEN /

Legen Sie einen Schokoladenblock für eine Nacht in einen warmen Raum mit einer Temperatur zwischen 25 °C und 30 °C, um die Schokolade weich werden zu lassen. Ziehen Sie einen Eisportionierer mit einer breiteren geraden Kante über die Oberfläche der weichen Schokolade. So erhalten Sie schöne Locken. Verfahren Sie ebenso mit einem gerillten Butterroller, auf diese Weise erhalten Sie schmucke Röllchen.

ZWEIFARBIGE ZIGARETTEN /

Streichen Sie zuerst mit einem Spachtel die helle Schokolade dünn aus. Gehen Sie dabei bahnenweise vor. Streichen Sie am besten einige Male über die Schokolade hin und her, sodass sie stark kristallisiert und dadurch länger weich bleibt.

Bitte beachten Sie:
- Die Marmorfläche sollte Zimmertemperatur haben.
- Die helle Schokolade braucht länger, um auszuhärten und muss daher immer zuerst verarbeitet werden.

Sobald die Schokolade anfängt, fest zu werden, ziehen Sie einen Dekorkamm durch die Schokolade. Dann streichen Sie - wie bei der hellen Schokolade - die dunkle Schokolade über die erste Schicht.

Sobald die Schokolade nicht mehr klebt, drehen Sie mit einer Palette, die Sie in einem 45°-Winkel zur Arbeitsfläche halten, die zweifarbigen Zigaretten.

FÄCHER MIT STREIFEN /

Streichen Sie mit einem Spachtel auf der Marmorplatte ein dünnes Schokoladenband aus. Streichen Sie einige Male über die Schokolade hin- und her, sodass sie stark kristallisiert und dadurch länger weich bleibt. Ziehen Sie nun einen Dekorkamm durch die Schokolade. Warten Sie, bis die Schokolade nicht mehr klebt. Stechen Sie die Schokolade dann mit einem Spachtel fächerförmig aus. Fixieren Sie die Schokolade hierbei mit dem Zeigefinger an einer Seite. Dadurch wird die Schokolade an diesem Ende zu einem Fächer zusammengefügt.

KLEINE SPIRALEN /

Streichen Sie mit einem Spachtel Schokolade dünn auf Marmor aus. Ziehen Sie dann einen Dekorkamm durch die Schokolade, und lassen Sie alles anziehen. Schneiden Sie anschließend die Bahnen auf die gewünschte Länge, und lösen Sie die Schokolade mit einer schnellen Bewegung von der Arbeitsfläche. Verwenden Sie hierzu ein Filetiermesser.

Verzierungen auf Kunststofffolie

Spritzen Sie mit einem Airbrush farbige oder dunkle Schokolade auf Kunststofffolie.
Lassen Sie die Schokolade fest werden, und streichen Sie anschließend eine andersfarbige Schicht Schokolade darüber, die Sie wiederum fest werden lassen.
Dann schneiden Sie wie gewünscht verschiedene Figuren aus und drehen die flachen Schokoladenstücke um, damit sie sich nicht verformen.

MARMORIEREN /

Geben Sie weiße Schokolade in eine Schüssel. Geben Sie darauf einen Faden dunkle Schokolade und wahlweise auch etwas Milchschokolade. Ziehen Sie einen Spachtel in einer runden, fließenden Bewegung durch die Masse, damit der Marmor-Effekt entsteht. Dann gießen Sie die Mischung mit einer Drehbewegung auf Kunststofffolie, decken alles wiederum mit Kunststofffolie ab und rollen die Masse bis zur gewünschten Stärke aus. Lassen Sie das Schokoladenstück vor dem Entfernen der beiden Folien vollständig aushärten.

MARMORIEREN 2 /

Bestreuen Sie Kunststofffolie mit Kakaopulver.
Streichen Sie mit einer Palette weiße Schokolade darauf.
Drehen Sie das flache Schokoladenstück um. So verhindern Sie, dass es sich verformt.

WELLENLINIEN /

Tragen Sie mit einer Palette Schokolade dünn auf Kunststofffolie auf, und ziehen Sie einen Dekorkamm in Wellenbewegungen bahnweise durch die Schokolade. Lassen sie das Stück fest werden, bevor Sie Schokolade einer anderen Farbe darüber streichen. Lassen Sie die zweite Schicht ebenfalls fest werden. Anschließend können Sie die gewünschten Figuren ausschneiden.

Holz

Tragen Sie dunkle Schokolade in einer dünnen Schicht auf Kunststofffolie auf, und ziehen Sie einen »Faux Bois« in Wellenbewegung über die Schokolade. Ein »Faux Bois« ist ein gerillter Gummiklotz, der in Hobbyläden und Baumärkten erhältlich ist. Lassen Sie die Schokolade anziehen. Dann tragen Sie gleichmäßig eine Schicht Vollmilchschokolade auf, die sie fest werden lassen, bevor Sie beginnen, Figuren auszuschneiden. Wenden Sie die ausgeschnittenen Stücke, um zu verhindern, dass sie sich verformen.

Als Platte

1) Stellen Sie ein flaches Stück Schokolade her, und lassen Sie es leicht fest werden. Streichen Sie anschließend mit einem dickborstigen Pinsel ganz dünn Kaffeearoma darüber, und schneiden Sie mit Hilfe einer Schablone Figuren aus.

2) Verwendung eines »Faux Bois«

Streichen Sie eine dünne Schicht dunkle Schokolade auf ein Stück Kunststofffolie oder auf ein flaches Stück Schokolade. Ziehen Sie dann einen »Faux Bois« (siehe Seite 169) mit einer wellenförmigen Bewegung über die noch flüssige Schokolade, um auf diese Weise die Holzmaserung nachzuahmen.

Fächer und bandförmige Tortenränder auf einer angewärmten Platte

Variante 1:

Wärmen Sie im Ofen ein flaches Kuchenblech an, und tragen Sie eine dünne Schicht Schokolade auf. Verwenden Sie hierfür eine Palette, eine Farbrolle aus Schaumgummi, oder gehen Sie einfach direkt mit einem Stück Schokolade über das Blech.
Stellen Sie das Blech kurz in den Kühlschrank.
Wenn Sie eine Verzierung herstellen wollen, holen Sie das Blech wieder aus der Kühlung und lassen die Schokolade etwas weich werden.
Erwärmen Sie eventuell die Unterseite des Backblechs, um die Schokolade weicher zu machen.

Variante 2:

Wärmen Sie ein Backblech leicht an, bis es die Temperatur der kristallisierten Schokolade hat.
Streichen Sie in der gewünschten Dicke vorkristallisierte Schokolade darauf, und stellen Sie das Blech in die Kühlung.
Fahren Sie anschließend wie oben beschrieben fort.

Wenn die Schokolade nicht weich genug ist, bricht sie. In diesem Fall können Sie das Blech leicht anwärmen. Aber Vorsicht: Zu weiche Schokolade bleibt an den Fingern und am Messer kleben. In diesem Fall müssen Sie das Blech wieder in die Kühlung geben.

Variante 3:

Geben Sie Salatöl zur temperierten Schokolade (etwa 15 Prozent des Schokoladengewichts).
Streichen Sie eine Schicht Schokolade auf ein Backblech, und stellen Sie es kurz in den Kühlschrank.
Lassen Sie die Schokolade leicht fest werden. Verwenden Sie einen Spachtel, um Fächer herzustellen, ein Filetiermesser, um Nelken zu formen, und eine Palette für Tortenränder (siehe Seite 173).
Erwärmen Sie die Platte erneut, wenn die Schokolade zu hart geworden ist.

FÄCHER /

Stechen Sie auf dem Blech mit einem Spachtel ein Stück Schokolade ab. Halten Sie währenddessen mit dem Daumen eine Seitenkante der Schokolade fest.

NELKEN /

Streichen Sie mit einem Pinsel einen fettlöslichen Farbstoff auf die Schokolade. Warten Sie, bis die Schokolade angezogen hat. Stechen Sie dann mit einem Spachtel Fächer aus. Halten Sie hierzu den Daumen auf das Messer, um die Unterseite des Fächers zu fixieren. Legen Sie die Fächer kreisförmig aus - zur Mitte hin sollten die Fächer immer kleiner werden.

Variante:

Verfahren Sie, wie oben beschrieben, aber schneiden Sie, sobald die Schokolade leicht angezogen hat, mit einem Filetiermesser Bänder aus der Schokolade. Drücken Sie dabei mit dem Daumen auf die Klinge. Beginnen Sie am Ende der Platte, und drehen Sie das Band sofort in die Form einer Blume.

TORTENRÄNDER /

Schneiden Sie mit einer Palette parallele Bahnen. Drücken Sie die Palette beim Abheben der Schokolade gegen das Backblech.

FUTURISTISCHE DEKORATION /

Drücken Sie Aluminiumfolie leicht zu einer Kugel. Öffnen Sie die Folie wieder, und streichen Sie sie mit der Handfläche glatt.
Geben Sie nun eine dünne und regelmäßige Schicht Schokolade darauf, die Sie fest werden lassen.
Anschließend können Sie die gewünschten Figuren ausschneiden, die Sie zum Aushärten sofort umdrehen sollten, damit sie sich nicht verformen.

FUTURISTISCHE DEKORATION 2 /

Verfahren sie mit der Alufolie wie oben beschrieben. Bestreichen Sie die Alufolie nun mit geschmolzener Kakaobutter in unterschiedlichen Farben. Lassen Sie die Schokolade fest werden.
Anschließend streichen Sie eine dünne und regelmäßige Schicht Schokolade darauf aus, die sie ebenfalls fest werden lassen. Nun schneiden Sie die gewünschten Figuren aus, die Sie zum Aushärten sofort umdrehen sollten, damit sie sich nicht verformen.

SCHNEE /

Mit einer Form hergestellt

Zerkleinern Sie weiße Schokolade zu groben Stückchen. Erwärmen Sie nun eine Form auf etwa 30 °C, und spritzen Sie mit dem Airbrush geschmolzene dunkle Schokolade in die Form. Sofort danach sollten die Schokoladenstückchen dünn und gleichmäßig auf die noch flüssige Kakaobutter gestreut werden. Lassen Sie alles fest werden. Gießen Sie abschließend die Form auf, bis das Schokoladenstück die gewünschte Stärke erreicht hat.

Zum Ausschneiden

Bedecken Sie eine Metallplatte mit Kunststofffolie, und bestreuen Sie sie gleichmäßig mit Schokoladenkörnern. Stellen Sie die Platte ganz kurz auf eine Wärmequelle. Nehmen Sie die Folie von der Platte, und legen Sie sie auf eine kalte Fläche, bis die Schokolade fest ist. Bestreichen Sie das Stück anschließend mit Hilfe eines Pinsels mit Schokolade einer anderen Farbe, und lassen Sie wiederum alles fest werden. Mit Hilfe einer Schablone können Sie nun Figuren ausschneiden, die Sie zum Aushärten sofort umdrehen sollten, damit sie sich nicht verformen.

LUFTBLASEN IN DER SCHOKOLADE /

Geben Sie weiße Schokolade in eine Schüssel, und schlagen Sie mit einem Schneebesen Luft in die Schokolade. Gießen Sie dann die Schokolade auf eine Platte, die mit Kunststofffolie bedeckt ist. Darauf kommt nun eine dünne Schicht Schokolade, die mit Kakaobutter verdünnt ist. Bewegen Sie die Platte schnell hin und her, sodass sich die Luftblasen durch die dunkle Schokolade hindurch abzeichnen. Lassen Sie alles leicht fest werden, um die gewünschten Formen auszuschneiden. Damit sich die Stücke beim Aushärten nicht verformen, drehen Sie sie am besten um.

Variante:

Mit fettlöslichen Farbstoffen können Sie schöne Effekte erzielen: Schlagen Sie Schokolade auf, und rühren Sie anschließend in kurzen Abständen hintereinander jeweils etwas gelbe, rote und grüne geschmolzene Kakaobutter unter, um farbige Linien zu erhalten. Fahren Sie abschließend wie oben beschrieben fort.

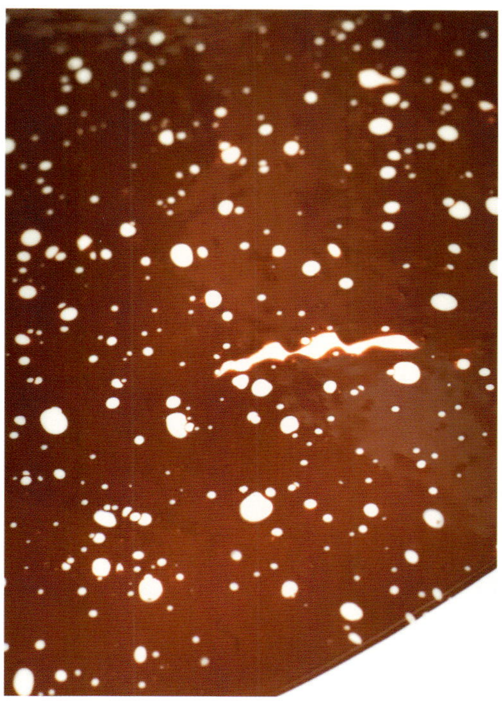

GLITZER /

Weichen Sie 50 g Gelatine in Wasser ein, und drücken Sie beim Entnehmen das überschüssige Wasser aus. Legen Sie die Gelatine auf eine Waage, und fügen Sie Wasser hinzu, bis ein Gewicht von 250 g erreicht ist. Schmelzen Sie die Gelatine, und färben Sie sie nach Wunsch mit Lebensmittelfarbe ein.
Streichen Sie die Mischung sehr dünn auf Silpat und lassen alles über Nacht trocknen. An anderen Tag mahlen Sie die gefärbte Gelatine zu einem feinen Glitzer, den Sie eventuell durch ein grobes Sieb geben, um gleich große Stückchen zu erhalten. Der Rest kann für andere Zwecke verwendet werden. Verwahren Sie den Glitzer in verschlossenen Dosen auf. So ist er mehrere Jahre haltbar.

SCHIMMERNDES GITTER /

Spritzen Sie mit einer Garniertüte Schokoladenfäden in zwei Richtungen diagonal auf Kunststofffolie, Papier oder Silpat. Sie erhalten ein unregelmäßiges Gitter. Streuen Sie sofort den Glitzer darauf. Wenn die Schokolade leicht fest geworden ist, können Sie Figuren mit einer Ausstechform ausstechen oder mit einem Messer ausschneiden.
Lassen Sie die Stücke aushärten, bevor Sie sie aus der Form nehmen. Sie können das Gitter stattdessen auch in unregelmäßige Stücke brechen.

EINFACHE TORTENSPITZENVERZIERUNG /

Schneiden Sie Streifen aus Kunststofffolie, die Sie am Rand des Arbeitstisches fixieren. Tauchen Sie die Spitze eines Messers oder einer Palette in Schokolade.

Setzen Sie die Klinge mit der Schokolade auf die Folie, und ziehen Sie das Messer zur Tischkante hin ab. Legen Sie den Folienstreifen zum Aushärten in eine Dachrinnenform.

MISTERY /

Spritzen Sie purpurfarbene Kakaobutter auf eine Relieffolie oder auf Silpat, und streuen Sie silbernes oder goldenes Farbpulver darüber.
Schlagen Sie Eiweiß schaumig auf, das Sie sehr dünn auf die feste Kakaobutter streichen. Lassen Sie die Schokolade und das Eiweiß etwas fest werden. Dann tragen Sie eine dünne und gleichmäßige Schicht Schokolade auf.
Sobald die Schokolade leicht auskristallisiert ist, können Sie mit Hilfe von Schablonen Figuren ausschneiden.
Drehen Sie das Schokoladenstück sofort um. Hierdurch wird verhindert, dass sich die Schokolade verformt.

OVII

Schablonen - Muster - Drucktechniken

Dekorationen mit Schablonen

Schablonen erhalten Sie in Geschäften für Bastel- und Zeichenbedarf, oder Sie stellen sie einfach selbst her (siehe Seite 186/187). Die Schablone wird auf einen Dessertteller gelegt und fixiert. Dies geschieht mit Hilfe eines Holzstäbchens, dessen Spitze in Glukose getaucht wurde. Mit einem Airbrush spritzen Sie nun eine Farbe auf und um die Schablone.
Abschließend heben Sie die Schablone vorsichtig ab.

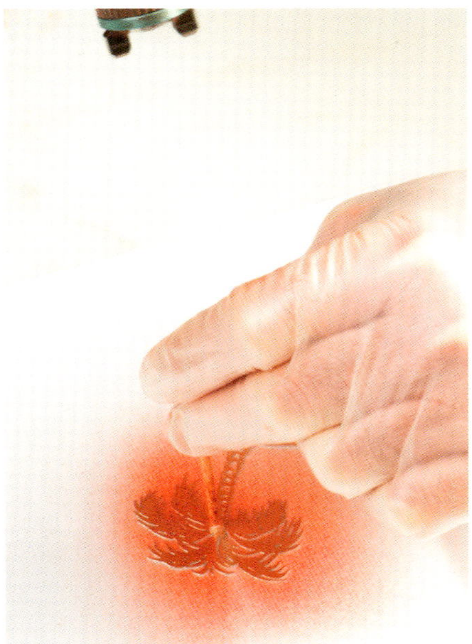

Schablonenformen brennen

Besorgen Sie dünne Kunststofffolie (im Fachhandel für Bastel- und Zeichenbedarf), aus der Sie Ihre Schablonen schneiden. Die Folie darf nicht zu dick sein. Wenn möglich, sollten Sie Mylar® (von Dupon) kaufen. Achtung: Es gibt auch Kunststofffolien, die schnell schmilzen und an der Schnittlinie verbrennen. Legen Sie die Folie auf Ihren Entwurf, und zeichnen Sie die Konturen mit einem elektrisch erwärmbaren Stift nach. Auch diese Stifte sind im Fachhandel erhältlich. Auf diese Weise »brennen« Sie die Schablone aus der Folie — eine schnelle und preiswerte Art und Weise, um eigene Schablonen anzufertigen.

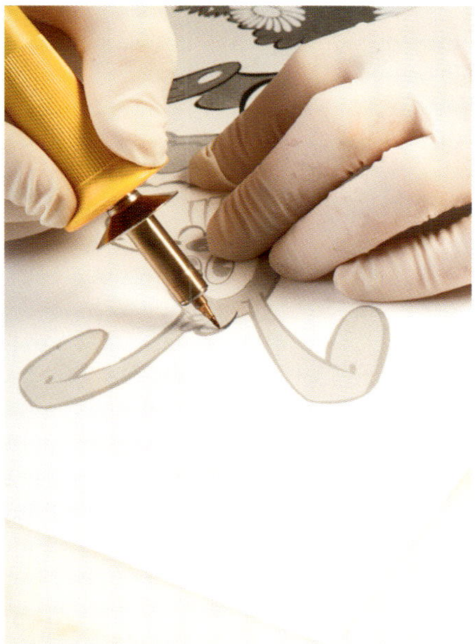

Schablonen selbst herstellen - Variante 1

Legen Sie ein stabiles, durchsichtiges Stück Kunststoff auf eine Zeichnung. Die Zeichnung muss spiegelverkehrt abgebildet sein. Spritzen Sie die Linien der Zeichnung mit einer Eiweißglasur nach. Achten Sie darauf, dass die Linien an allen Stellen gleich dick sind. Lassen Sie alles gut aushärten.
Wenden Sie das Kunststoffstück mit der Zeichnung, und legen Sie es auf einen Bogen Sandpapier mit sehr feiner Körnung. Vergewissern Sie sich, dass alle Linien gleich dick sind. Erhebungen können Sie durch vorsichtiges Schmirgeln einebnen. Entfesnen Sie allen staub Sie alles, bevor Sie eine dünne Schicht aus Zweikomponenten-Silikon über die aufgespritzten Verzierungen gießen. Sofort danach drücken Sie kräftig ein festes Kunststoffstück in das noch flüssige Silikon, bis die aufgespritzte Zeichnung wieder zu sehen ist und den Kunststoff berührt. Das Silikon muss nun vollständig aushärten, danach wird die Kunststoffplatte abgenommen und das Silikon von der Trägerfolie entfernt. Sie haben nun eine Schablone, die Sie seitenverkehrt mit etwas Schokolade in eine Form kleben. Damit keine Luftblasen entstehen, sollte die erste Schicht Schokolade mit einer feinen Bürste in die Form gestrichen werden. Die Schokolade sollte fest sein, bevor Sie die Form ausgießen. Nachdem Sie das Stück aus der Form gelöst haben, können Sie das Silikon vorsichtig entfernen. Die Schablone kann mehrfach verwendet werden.

DAS REZEPT FÜR DIE EIWEIßGLASUR /

100 g Eiweiß
500 g Puderzucker
5 g Zitronensaft

Alle Zutaten kräftig aufschlagen, bis die Mischung am Löffel haftet.

Schablonen selbst herstellen - Variante 2

Mit etwas Phantasie kann man aus einer Basiszeichnung verschiedene Figuren kreieren. Der Vorteil ist, dass Sie auf diese Weise nicht so viele teure Formen benötigen und auch weniger Platz für deren Lagerung brauchen. Sägen Sie mit einer Laubsäge verschiedene Figuren aus einer Zentimeter dicken Platte. Glätten Sie die Seiten sorgfältig mit feinem Sandpapier. Entfernen Sie allen Stanb, bevor die Figuren auf ein Brett geklebt werden. Legen Sie einen Rahmen im Abstand von mindestens fünfzehn Millimetern um die Figur. Gießen Sie Zweikomponenten-Silikon bis an den äußersten Rand der ausgesägten Figuren. Die Silikonschablone muss vor dem Entfernen vollständig ausgehärtet sein. Waschen und trocknen Sie die Form, bevor sie damit arbeiten. Sie können auch neutrale Silikonmatten kaufen, aus denen Sie selbst Figuren ausschneiden können (siehe Seite 116). Die Schablone wird nun auf einen Streifen Kunststofffolie gelegt. Gießen Sie Gianduja bis zum Rand auf, streichen Sie es sorgfältig glatt, und lassen Sie es aushärten. Streichen Sie anschließend Schokolade in einer dünnen Schicht über die Figur. Lassen sie die Schokolade aushärten, bevor Sie sie von der Form lösen. Drehen Sie die Figur, sodass die Schokoladenschicht nach unten zeigt. Die Figur wird nun in Schokolade getaucht und anschließend verziert.

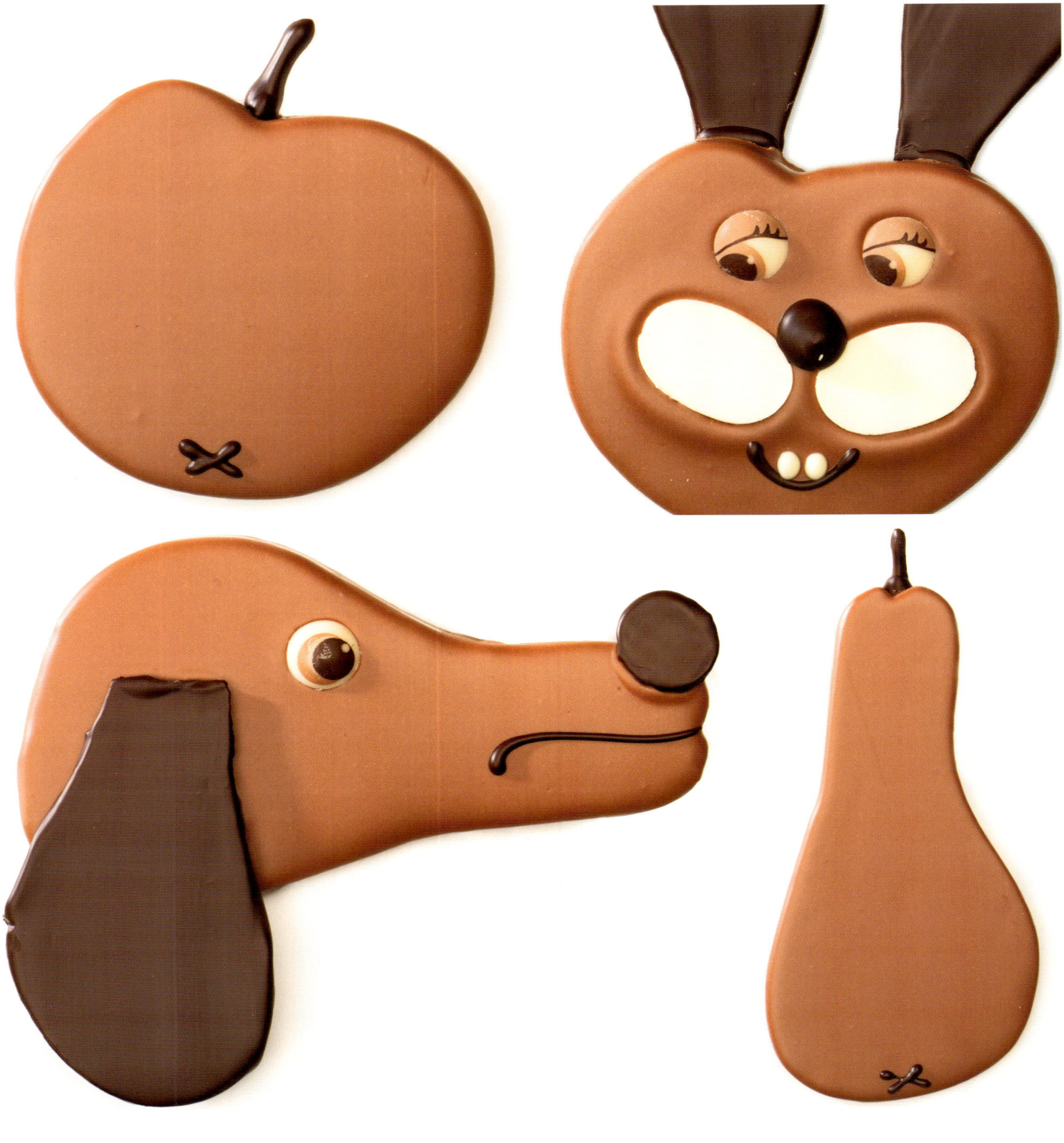

Selbstgemachte Folie für Abdrücke

Färben Sie geschmolzene Kakaobutter mit einem fettlöslichen Farbstoff, und lassen Sie die Mischung auf ungefähr 36 °C abkühlen.
Streichen Sie die gefärbte Kakaobutter mit einer breiten Bürste in wellenförmigen oder geraden Linien auf Kunststofffolie. Lassen Sie die Kakaobutter gut aushärten. Streichen Sie dann die Schokolade darüber.
Lassen Sie die Schokolade lange genug fest werden. Schneiden Sie abschließend mit einem Seitenschneider und einer Schablone die Verzierung aus.
Drehen Sie das Stück zum Aushärten um.

Variante:

Mischen Sie Mycryo-Kakaobutter mit etwas Farbpulver. Geben Sie die Mischung in einen Streuer.

Legen Sie Kunststofffolie auf eine leicht angewärmte Platte, und streuen Sie das gefärbte Pulver darüber.

Die Temperatur der Platte sollte bei gut 36 °C liegen, sodass die Kakaobutter leicht anschmilzt und Ringe bildet. Lassen Sie alles aushärten, und überstreichen Sie es abschließend mit Schokolade.

VARIANTE /

Kleben Sie ein matte Folie auf die Zeichnung.
Erwärmen Sie Kakaobutter in verschiedenen Farben, und halten Sie alles auf einer Temperatur von 36 °C bis 40 °C.
Übermalen Sie die Zeichnung mit einer nahezu transparenten Farbe.
Lassen Sie diese Schicht aushärten, bevor die Schattenpartien mit einer zweiten Farbe aufgetragen werden.
Fahren Sie in dieser Weise fort - immer von der hellen zu den dunklen Farbtönen.
Lassen Sie das Bild gut aushärten, bevor Sie Schokolade darüber streichen.
Wenn Sie das Bild erst später mit Schokolade bestreichen wollen, müssen Sie es mit Folie abdecken. Darauf kommt ein flaches Gewicht, z. B. ein Buch, um zu vermeiden, dass die dickeren Schichten der Kakaobutter aufplatzen.

Der Abdruck komplizierter Zeichnungen

Wenn Sie Zeichnungen aus Büchern kopieren wollen, ohne die Bücher zu beschädigen, sollten Sie folgendermaßen vorgehen:
Erst müssen die Zeichnung fotokopiert werden. Dann werden sie mit der bedruckten Seite auf ein Stück Kunststofffolie gelegt. Nun wird ein Wattebausch mit Azeton befeuchtet und damit die Rückseite der Fotokopie betupft. Die Tinte verflüssigt sich durch diesen Vorgang leicht, und es entsteht ein Positivbild. Wegen des starken Geruchs ist es ratsam, diesen Arbeitsschritt nur in einem gut belüfteten Raum auszuführen. Da sich Azeton sehr schnell verflüchtigt, trocknet die Tinte rasch. Legen Sie nun die bedruckte Seite nach unten, damit die Schokolade nicht mit der Tinte in Berührung kommt. Diese Methode hat den Vorteil, dass man immer ein Positivbild erhält. Sobald die Schokolade leicht fest wird, können Sie ein Blatt Papier und eine Platte auf die Oberfläche legen und alles zusammen umdrehen. Jetzt können Sie durch die Folie hindurch an den Linien entlangschneiden. Lassen Sie das Ergebnis erst aushärten, bevor Sie die Folie mit einem Ruck von der Schokolade abziehen.

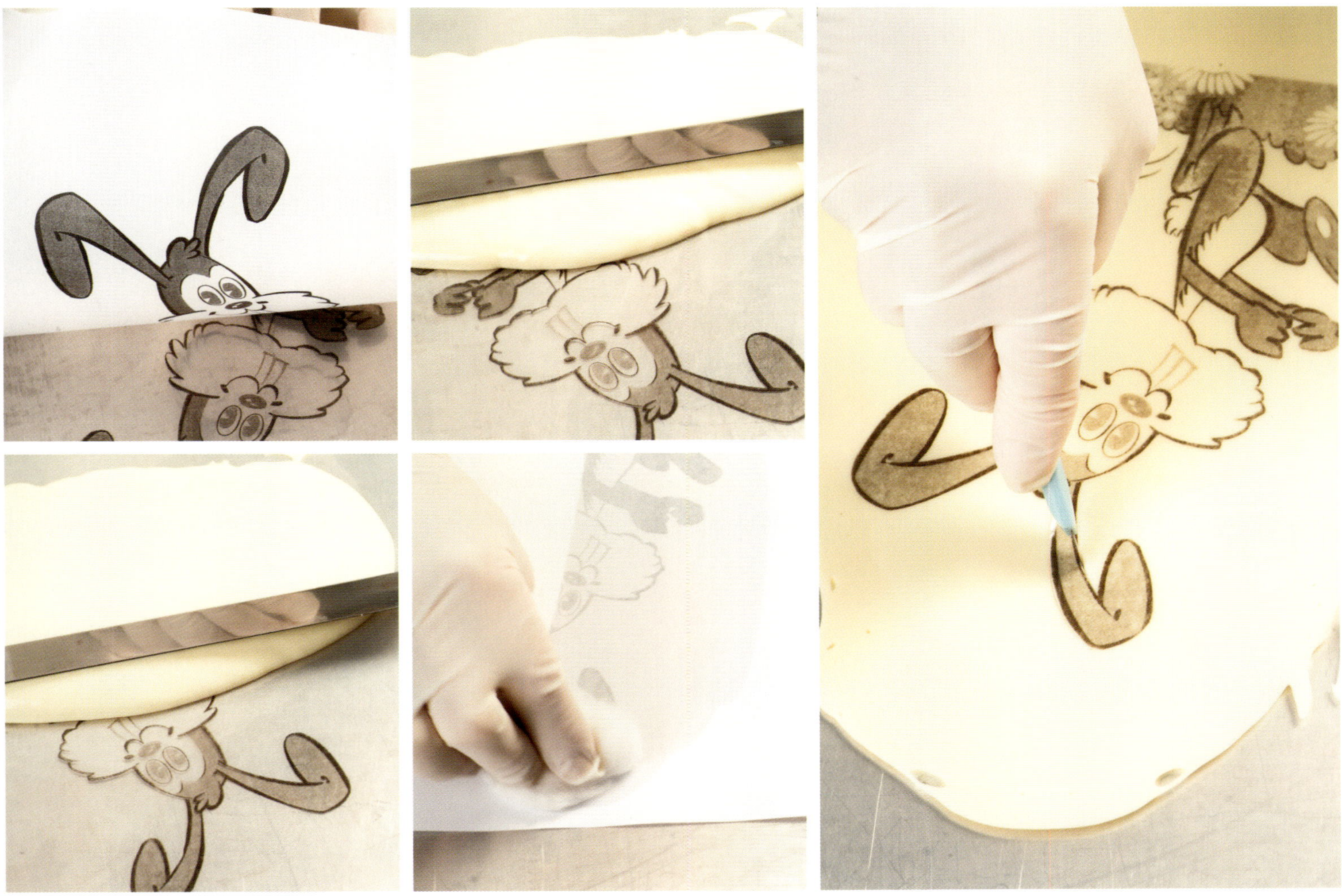

Siebdrucktechnik

Siebdruck ist dann interessant, wenn Sie viele Kopien von ein und derselben Zeichnung benötigen. Das Prinzip von Siebdruck besteht darin, dass man Schablonen erstellt (zum Beispiel aus Papier oder Karton). Damit wird ein bestimmtes Muster oder Bild erstellt. Dies wird auf straff gespannter Gaze fixiert. An den freibleibenden Stellen der Schablone wird Tinte durch die Gaze gepresst. Hierdurch wird das Muster auf eine darunter liegende Fläche kopiert, zum Beispiel Kunststofffolie. Für komplexe Zeichnungen müssen Sie sich allerdings an ein Unternehmen wenden, das den Siebdruckrahmen gebrauchsfertig liefern kann. In diesem Fall wird die Siebdruckvorlage fototechnisch übertragen. Dabei wird das Sieb mit einer lichtempfindlichen Schicht versehen. Wenn diese trocken ist, wird die Zeichnung durch ein Belichtungsverfahren aufgebracht. Die unbelichteten Teile werden danach ausgespült, und es entsteht ein Raster, das farbdurchlässig ist.

Als Farbe verwenden Sie gefärbte Kakaobutter oder Schokolade, der zwischen 10 und 20 Prozent Titandioxid beigemischt ist. Die Anteil ist abhängig vom Flüssigkeitsgrad des Gemischs. Es muss ungefähr die Festigkeit von Butter bei Zimmertemperatur haben. Am besten verwenden Sie zuckerarme Schokolade und so wenig Kakaobutter wie möglich. Titandioxid (E 171) ist ein von der Europäischen Union zugelassener weißer Farbstoff, der häufig in Pharmazeutika und in Nahrungsmitteln verwendet wird, um einen reinen Weißton zu erzeugen. Der Nutzen von Titandioxid als Farbstoff für Kakaobutter oder Schokolade besteht darin, dass es nur langsam trocknet. Dadurch haben Sie mehr Zeit bei der Verarbeitung. Legen Sie den Siebdruckrahmen auf Kunststofffolie. Drücken Sie die »Farbe« mit einem Gummispachtel durch die freien Stellen im Sieb. Lassen Sie die einzelnen Schichten am besten eine Stunde trocknen, bevor Sie sie aufeinander legen.

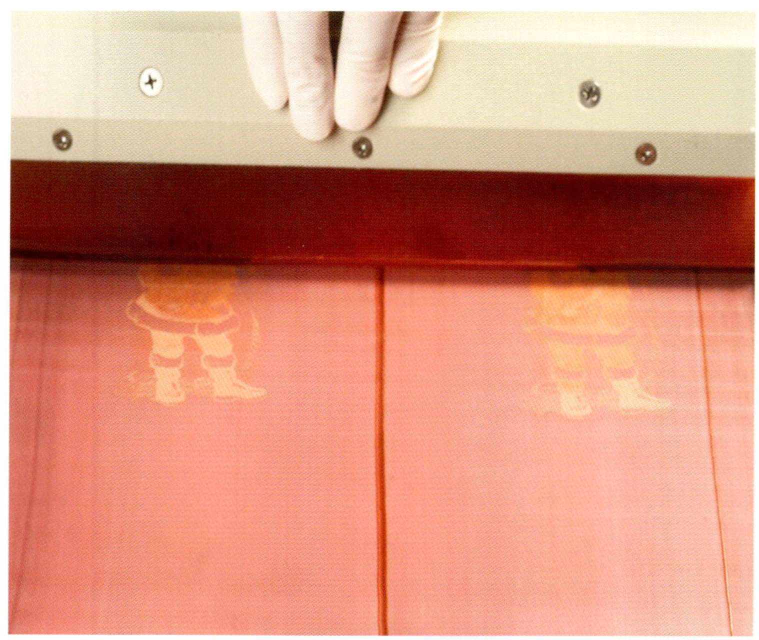

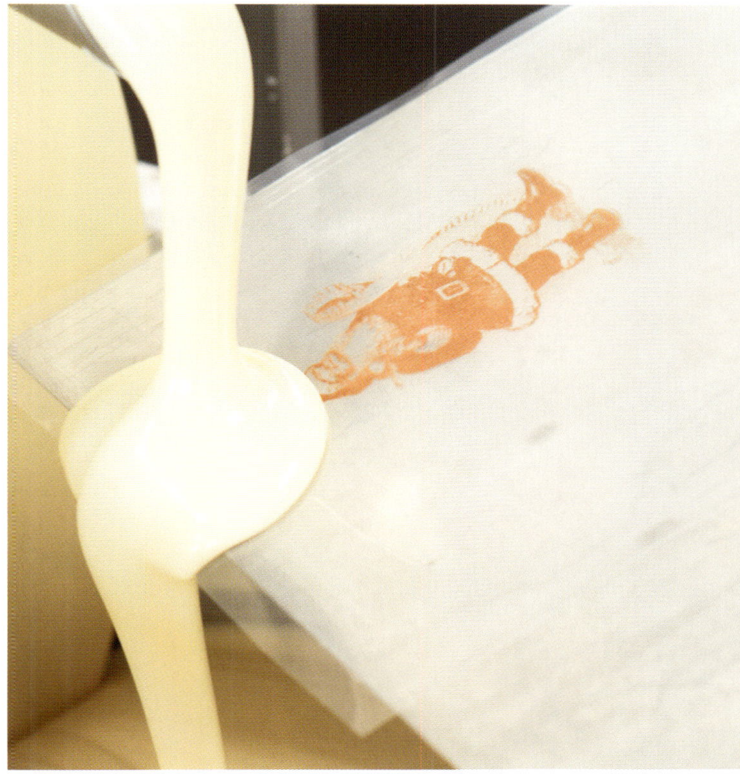

Index